明代印刷设计史

安宝江 著

中国水利水电出版社
www.waterpub.com.cn
· 北京 ·

内容提要

本书从设计角度考察和论述了明代印刷的发展。全书分为六章，主要介绍了研究的思路和方法，构成明代印刷主体的书籍印刷的设计状况，雕版印刷、活字印刷、套色印刷等印刷技术的特点、应用和发展，以及采用不同印刷术的印刷品的特征；分析了印刷技术对书籍设计、印刷设计的影响以及书籍设计与图书商业的关系等。本书力图通过对明代印刷多方位的分析，揭示明代印刷设计艺术的特征、发展史及价值，给现代印刷设计以启示。本书附录介绍了传统雕版印刷技术与相关概念，利于读者对本书内容有更深刻的理解。

本书可供印刷设计艺术、印刷史等领域的科研工作者和高校师生参考使用。

图书在版编目（CIP）数据

明代印刷设计史 / 安宝江著. -- 北京 : 中国水利水电出版社, 2019.12
ISBN 978-7-5170-5413-9

Ⅰ. ①明… Ⅱ. ①安… Ⅲ. ①印刷史－中国－明代②印刷－工艺设计－工艺美术史－中国－明代 Ⅳ. ① TS8-092 ② J509.248

中国版本图书馆 CIP 数据核字 (2019) 第 294907 号

书　　名	明代印刷设计史 MINGDAI YINSHUA SHEJI SHI
作　　者	安宝江　著
出版发行	中国水利水电出版社 （北京市海淀区玉渊潭南路 1 号 D 座　100038） 网址：www.waterpub.com.cn E-mail：sales@waterpub.com.cn 电话：（010）68367658（营销中心）
经　　售	北京科水图书销售中心（零售） 电话：（010）88383994、63202643、68545874 全国各地新华书店和相关出版物销售网点
排　　版	央美艺境（北京）文化艺术发展有限公司
印　　刷	北京中献拓方科技发展有限公司
规　　格	184mm × 260mm　16 开本　7 印张　145 千字
版　　次	2019 年 12 月第 1 版　2019 年 12 月第 1 次印刷
定　　价	**60.00** 元

前言

本书从设计的角度对我国明代印刷进行了考察和总结。明代是中国传统印刷发展历程中非常重要的时期，相对于前朝，明代在印刷技术上有了非常大的进步，技术已经基本不是艺术表现的障碍；相对于后代，明代印刷尚未受到欧洲印刷的外来影响，是非常纯粹的中国传统印刷。这两个特征是其他朝代的印刷所不具备的。

本书从书籍印刷、活字印刷、套版印刷以及书籍的广告与流通等方面对明代印刷进行研究分析。第一章绪论介绍研究背景、研究思路与方法、研究现状、研究框架与意义等。第二章对明代书籍印刷进行了全面分析。首先，介绍明代书籍印刷整体状况；其次，按时间顺序，分阶段介绍明代书籍印刷的发展和变化；最后，按照研究分类对书籍印刷中的句读、版式、装饰等设计，从社会学角度进行分析解读。研究认为书籍设计体现着明确的“区隔”意识，是社会意识的视觉化表现。第三章介绍明代书籍插图艺术。研究认为，明代插图在叙事之外，还有象征式表现的创作思路。这拓展了插图创作的思路，提升了插图表现时的意境；第四章从经济角度考察了明代印刷中的设计因素。研究认为，设计作为书籍文化创新载体中的一个构成要素，需要服务于商业环境背景，所以表现出符合时代经济特征的设计特征。第五章介绍明代活字印刷特点及活字的应用。研究认为，雕版印刷与活字印刷是两种印刷设计思路，二者均须符合一定的设计要求，但无优劣之分；活字印刷在明代的应用与发展与社会实际息息相关，其在明代以后得以大发展是以社会环境变化为基础的，所以认为明代在活字印刷技术发展上失去历史先机的见解就脱离了时代和社会背景。第六章对套印和拱花的技术与艺术进行了分析。附录中介绍了传统雕版印刷技术和书籍印刷中的相关概念。获悉这些概念的含义后，阅读将更为顺畅。

在本书的写作过程中，清华大学美术学院何洁教授、北京印刷学院研究生院常务副院长杨虹教授、北京印刷学院新媒体学院院长严晨教授、北京印刷学院设计艺术学院艺术理论部龚小凡教授给予了支持和帮助，在此向他们表示诚挚的感谢!

由于作者水平有限，书中还有不足之处，敬请读者批评指正。

安宝江

2018年冬

目 录
CONTENTS

|| 第四章　书籍设计与商业 ||

|| 第五章　活字印刷与邸报 ||

|| 第六章　套印和拱花技术与印刷设计 ||

第一章

绪论

第一节　研究背景

印刷（Printing）指的是把文字、图画等视觉形象元素通过一定步骤和工序转移到特定承印介质上的工艺技术。批量化复制是印刷的一个重要目的。传统的印刷分为印前、印刷、印后三个环节，需要用到印版，而随着现代数字技术的发展，数字印刷已经不再需要印版。国家标准《印刷技术术语　基本术语》（GB 9851.1—1990）对印刷的定义是："印刷是使用印版或其他方式将原稿上的图文信息转移到承印物上的工艺技术。"而修订后的现行国家标准《印刷技术术语　第1部分：基本术语》（GB/T 9851.1—2008）将印刷定义为："使用模拟或数字的图像载体将呈色剂/色料（如油墨）转移到承印物上的复制过程。"

本书对中国明代所出现的传统印刷物发展历程进行了研究，所对应的就是一般意义上的印刷技术对象。按照一般现代印刷方式的分类，印刷方式可分为凸版印刷、凹版印刷、平版印刷和孔版印刷四大类；按照印版材质分类，则分为木版、石版、玻璃版、金属（合金）版（图1-1）、塑料版等。木版是中国传统印刷的主要载体，在中国印刷史上，它的使用历史长久。到了近现代，本版主要应用于版画艺术。石版、玻璃版、金属（合金）版等则是近代以来从西方传入的印刷方式（金属活字印刷在中国也有较长历史），在中国的应用时间虽然较短，但却成为印刷的主流方式，应用广泛。所以，研究中国传统印刷主要以木版及其印刷物为研究对象。

图1-1　西汉青铜印花铜版

以"印刷设计"这一现代概念考察中国古代印刷，也就意味着用今天对印刷的理解去考察和思考古人的创造行为，并对其进行评价，而不是完全沉浸于古代的话语之中。印刷与设计，二者是并立限定的关系。作为一种实践行为，“设计”的历史与人的历史一样长久，是人类改造世界的方式，而作为现代概念，“设计”则始自19世纪英国的威廉·莫里斯。印刷是一种以复制为目的的文化行为，它通过无差别的复制，将印刷品最大限度地扩散，从而尽可能多地向受众传播。印刷的批量化、无差别、供人阅读的特征，意味着印刷中的创造是在实现上述三点的基础上实现的。由此，在对历史上的印刷行为进行设计考察时，一方面，是以实践行为为依据，对古代印刷中的设计活动进行回视，这时更多是以现代书籍、印刷设计概念作为分析视角；另一方面，注重古代设计的现代意义，通过分析和总结古代印刷中的设计行为，为现代设计提供参考。按这一指导思想对印刷设计的对象进行界定时，就要从“印刷”和“设计”两个角度加以选择。在印刷过程中，由于一些介质的影响，印刷品就会表现出一些与人的手工操作不同的特质，这就是印刷的特点。如果将这些特点用于艺术表现，无疑是一种创作手法，比如当代的一些波普艺术作品就是通过印刷实现艺术创作的独特性。本书需要从设计的角度进行选择，即印刷的某些特质具有艺术性特征，但这是服从于一定设计目的的，而不是艺术性创作。饾版、拱花采用印刷的方式对绘画艺术进行表现，它所模仿的是绘画，所追求的是艺术气质，但实现这一目的正是一种设计的结果。印刷艺术是将印刷所产生的特质作为表达和表现艺术理念的一种方式，印刷的形式是艺术观念的一个构成部分，而印刷设计是在当时的印刷技术条件下将设想再现于眼前的一种呈现方式。由于技术的限制，印刷效果不得不依赖于当时的技术基础。出相、全相、绣像这些图文形式意味着人们认识到图画的表现作用，不过这一点早在写本时代就被人们知晓。明代中后期，图画的幅面增大，表现风格多样，图文关系密切，这是印刷技术发展、人们对图文配合有了更深层次认识后的结果，这时才可以说体现出印刷设计的发展。

第二节　研究思路与方法

印刷设计是一种表现形式，它的影响因素非常多。本书侧重于从文化的角度对印刷设计影响因素的成因进行分析。设计作为一种将人的思想予以物化的行为，本身就是文化的构成之一。

在本书中，对于印刷设计中的文化，是从两个层面进行考察的：一个是印刷设计对象所体现出来的文化因素，即特定时代的印刷设计服从于特定的文化范式，是时代文化的一个表征；另一个是印刷设计中表现出来的文化规律。虽然因时代不同，文化形式也会有所变化，但从其内在特征而言，在相对固定的中国传统社会里，稳定的文化表现为一种相对恒定的文化传统。这种被时代和地理条件固定下来的文化传统就像一种标本，它与多元文化影响下的当代文化有极大的差异，表现出当代文化所不具备的特征，促使当代文化反思自身。

中国古代印刷设计中的文化是一种不同于现代的设计文化，对传统印刷历史进行研究，就是对古代印刷设计文化进行梳理。已有的印刷设计多从门类出发，如对字体、插图等做专门研究，本书从“印刷设计”这一更为宏观的角度入手，就是要将印刷作为一个整体对象，并认为印刷并不只是将文字、信息诉诸纸面这么简单，它实际上也在塑造着阅读的文化形式。这是一种非物质的设计，超越了纸面这一层面。而当印刷被视为对一种阅读方式的塑造的时候，印刷文化也就是一种阅读的文化，是从属于当时社会整体文化的一个细节化构成。

从阅读的视角来看，印刷将信息印制到一定材质上，使其成为一种印刷品，这些印刷品承载着特定信息，是人诸多信息获取方式中的一种。只要这种方式存在，无论是什么样的技术条件，在应用这种方式时，所要解决的问题就是高度相似的。对于阅读而言，无论时代如何变迁，无论传播媒体、表现方式如何变化，都要考虑如何阅读、阅读过程、阅读方式等一系列问题。这也就意味着，前人的已有方式是对阅读所面临问题的一种解决方案，后人的解决思路可能会不同于前人，却并非必然优于前人，因此前人的设计思维依然具备供后人借鉴的价值。当前，随着数字技术的发展，数字阅读日渐流行，纸质阅读量则有所下降。从表面上看似乎是纸媒衰落、数媒兴起，然而从阅读的视角来审视这两种差别极大的媒介时，二者并无本质区别，而是各有优劣。对印刷设计历史进行研究、总结和归纳，与运用眼动仪探测人捕捉信息时的特点，是两种不同的研究方法，但就本质而言，二者都是在分析人的阅读规律，都能为具体的设计提供直接依据。前者是定性研究，后者是定量研究，研究目的均指向现代社会阅读方式、阅读生活的塑造，其价值不可互相代替，其功用则可以互相参佐。

对于“印刷设计”这一概念，同样应该从两个层面进行分析。第一个层面是对印刷设计本身的分析。作为一种信息传播载体，印刷物在实现信息传递时的字体、颜色、纹饰、插图、版式等是其基本要素。印刷物传递的信息包括两个层次意义的信息：一是文字、图画等传递的具体信息，如医学书籍表达的是人体生物学信息，画本小说传递的是传说故事内容，政府公文传达的是社会管理信息等；二是决定印刷物表现方式的社会文化信息，如顶格、缺笔、颜色所蕴含的是句读、避讳等信息。由于是一种文化考察，考察者的预设角度决定了考察层面的多寡。例如，插图的造型特点、画面布局体现了特定时代的绘画表现方式，其中的绘画语言又表现了当时的形象语言运用特征，而插图中的人物形象、物品特征又是当时社会现实的忠实再现，这便是以插图为视角的社会文化考察。第二个层面的印刷设计是说，印刷物的形式能够决定读者的阅读方式。即使所传达的信息、内容是相同的，不同的印刷设计方式可能决定了不同的阅读方式。任何设计都包含物质和非物质两个层面，物质层面的设计是具体的设计，非物质层面的设计则是对印刷物使用方式的设计。这种使用方式又能够形成第二层面的文化意义，也就是一种阅读习惯或生活方式的塑造。

印刷的出现是自然而然发生的，满足的是特定而非唯一的需求。例如，大型丛书、类书并不需要大量复制，采用雕版印刷耗费过大，大多采用手写的方式复制流传。活字印刷术虽然出现较早，但在古代却没有被广泛采用。到了近代，活字印刷才成了普遍现象。这是因为近代以来，报纸等出版物的复制需要频繁、大量地使用各种字版，活字印刷术的优势便体现出来。古代则没有这种需求，整块雕版便于携带，可以反复印刷，反而是最为节省的。

批量化和无差别是印刷发展的目的和特点，其设计也就必须接受和发挥这两个特征。印章的出现意味着印刷的核心要素已经具备了，缺乏的只是相应的需求，直到迅速、大量发展信徒的佛教传入中国之后，印刷的优势才被人们注意，印刷活动才快速发展起来。随着，印刷的推而广之，民间的印刷需求也得以实现。学界对印刷出现年代进行判断的时候，有人往往因为某个要素的影响，对印刷出现年代的判定形成不同结论，笔者认为应将批量化这一特点作为确定印刷真正得以发挥的依据。毕竟，印刷是一种社会化行为，个体化或小范围的应用并不是公共行为，不能对社会产生普遍性影响，从历史的角度看，这种行为出现与否其实无关宏旨，所以可视同未曾出现。而且印刷技术的发展是点状的而非线性的，在印刷技术初始发展阶段尤其如此。

印刷的目的是为了传播，印刷物主要供人阅读，所以受众已有的信息接收习惯是印刷者必须考虑的。印刷是一种复制技术，这种技术是在文化发展到比较高的水平之后才产生的，而印刷则必须接受已经出现的文化样式，并符合人的心理需求。这就意味着，印刷设计的变革应当考虑受众的接受能力、欣赏水平，而不能仅仅体现业内人士的意志。印刷最初出现时要采用写本时期所形成的已有形式，在印刷成熟之后才可能发展出与印刷自身特点密切配合的设计变革，但基本的文化样式则难以改变。所以，在对印刷设计的研究对象进行选择时，就需要将印刷所需要的版式、字体等印刷活动必然涉及的要素，以及在载体表面刻画文字、形象等准印刷时期里产生的要素，纳入考察之中。这样就可以看到，印刷不是特殊的类别，而是从属于文化表现的发展脉络。由此才可以说，古人的成就为现代提供参考具备事实和逻辑的基础。

在中国，以印刷术产生和流行为界，可分成“写本时期”和“印本时期”两个时期。在写本时期，文化行为习惯与书写相适应。而印本时期在很长一段时间都落后于写本时期的文化形式发展，印刷一直在努力实现写本在表现上的自如。适应竹简、木片载体而形成的竖排书写方式，无论是在写本时期还是在印本时期都一直延续着。从现存形象资料看，图文混排在印刷的早期就出现了，并表现出比较高的水平，一方面是由于更早的资料没有留存下来，另一方面也是由于有着时间较长、表现形式较为成熟的写本样式，印本只是以印刷技术将这些样式复制出来即可。而“出相”“全像”“绣像”等图文混编方式其实也只是对写本的表现，而且由于雕版技术的不足、从业人员绘画表现水平等原因，在形象塑造、用笔技法等方面均与绘画艺术有着较大的差距。线描、平涂的表现形式诚然具有特别的艺术效果，但从套印、饾版的出现可以看出，追摹以至再现绘画是印刷技术发展的方向，一直到“拱花”的出现才发展出绘画所不具备的印刷特色。

第三节　研究现状综述

当前，对于中国传统印刷的系统研究非常多，但从印刷设计的角度进行研究的相对较少。已有研究一般侧重于对印刷历史的整理、印刷实物资料的统计、印刷技术的梳理，近年来随着艺术学科的快速发展，在插图领域也出现了比较多的研究成果。张秀民长年在国家图书馆工作，接触了大量的一手资料和善本图书，集数十年积累完成的《中国印刷史》，共50余万字，内容涵盖印刷术发明以来1000多年间的全部刻书和印书的历史，分章节讨论了不同时代的刻书地点、刻书内容、版本特色、刻工和印工的生活与事迹以及刻印的方法。此外，还包括版画、年画、报纸、纸币以及各类印刷所使用的工具，并对前人和自己的已有研究进行了分析和总结，是一部系统完整的著作。罗树宝的《中国古代图书印刷史》初版于1993年，也是通史性中国印刷史研究著述。该书介绍了写本时期的书籍和文字记录方式、印刷术产生前在技术上的准备，然后从雕版印刷的早期发明开始，自唐开始，经宋、辽、金、元、明、清分朝代详细介绍各个时期在印刷领域的不同表现，最后还对中国印刷术向海外的传播进行了介绍。曲德森的

《中国印刷发展史图鉴》分上、下两册，50余万字，1200多幅图片，以图文并茂的形式全面地对中国古代印刷进行了介绍和考订。黄永年的《古籍版本学》从版本学与目录学的角度分析了中国古代雕版书籍，介绍和评述简明扼要且全面透彻，有着非常高的专业性。郭孟良的《晚明商业出版》从出版角度，以个案化方式对晚明时期出版者、出版物、书籍形态、销售、读者群体和晚明的社会背景进行深入分析，有着较高的参考价值。日本学者大木康的《明末江南的出版文化》和美国学者周绍明（Joseph P.McDermott）的《书籍的社会史》所采取的研究视角与国内学者有所不同，值得借鉴。徐忆农的《中国古代印刷图志》简洁地对中国古代印刷历程、印刷工艺进行了介绍。孙毓修的《中国雕版源流考》和陈彬龢的《中国书史》二书合卷出版，前者对传统雕版的版本、印书方法、工价、纸、装订等因素分章节介绍，后者按朝代介绍了印刷发展状况。赵前的《明代版刻图典》一书选编影印了明代图书，是一本资料汇编型的图书，对明代印刷设计艺术史研究的开展有着重要的参考价值。韩琦和米盖拉合编的《中国和欧洲——印刷术与书籍史》是一部文集，综合了中外学者对中国传统印刷与海外交流的研究，并从书籍的观念、阅读史、目录学、大众文化等角度对印刷进行了解读。

该研究范式有着较久的学术史，研究者通常在资料搜集、整理方面下了很大功夫，也形成了大量成果，但从印刷设计角度对中国传统印刷进行系统梳理的并不多见。上述著述是本研究开展的重要基础，本研究以不同于以往的新视角对已有资料进行了整合与分析。现有的对传统印刷从设计角度进行的研究方式一般都是以字体、装帧、插图为研究对象进行研究。由于平面设计艺术在国内全面发展，学者对传统字体进行了较多研究，如华东师范大学王泉2013年博士学位论文《历代印刷汉字及相关规范问题》。此外，对明代插图的相关研究也非常多。例如，陆涛的《中国古代小说插图及其语-图互文研究》对中国古代图书出版中在处理插图时所采取的不同编辑方式，从“语-图”关系的角度进行分析，这种图像学分析方法提供了插图史研究的新思路。另有相关学术论文摘录如下：

《印刷字体发展、设计与应用研究》，刘钊，中央美术学院，2007，博士论文；

《明代套色印本研究》，蒋文仙，华东师范大学，2005，博士论文；

《明代戏曲插图研究》，成俊琴，淮北师范大学，2014，硕士论文；

《明代木刻插图印刷史》，胡晓旭，中国美术学院，2013，硕士论文；

《明代邸报研究》，陈晨，安徽大学，2013，硕士论文；

《明代科普类图书插图研究》，李阳，北京服装学院，2012，硕士论文；

《汉字印刷字体的传统瑰宝——以楷书为主的书法，以及古代印刷字体的风格与形态解析》，中国美术学院，念凡，2009，硕士论文；

《揭帖与明代公共舆论》，刘中兴，华中师范大学，2008，硕士论文；

《明代晚期市井文化与书籍装帧艺术风格的发展》，田雪梅，苏州大学，2006，硕士论文；

《明代版面设计创造初探》，肖琼，《艺术科技》，2015；

《胡正言生平及其“饾版”、“拱花”技术》，章宏伟，《美术研究》，2013；

《论明代雕版印刷与宋体字的形成》，张抒，《南京艺术学院学报(美术与设计版)》，2012；

《明中期无锡民间印刷术发展对“明体字”成型的影响》，吴建军，《装饰》，2011；

《浅析明朝中后期江浙一带民间印刷业兴盛之因》，杨小语，《出国与就业(就业版)》，2011；

《谈明代铜活字印书》，汪桂海，《中国典籍与文化》，2010；

《明代印刷出版业对明代小说的影响》，曾礼军，《浙江师范大学学报》，2004；

《谈谈明刻本及刻工——附明代中期苏州地区刻工表》，冀叔英，《文献》，1981；

《文化的承载与传播——浙江雕版印刷工艺文化研究》，王其全，《浙江工艺美术》，2008；

《明代中后期雕版印刷的成就》，华人德，《苏州大学学报》，1988；

《试谈明代版刻》，李德山，《古籍整理研究学刊》，1986；

《试析明代史钞繁盛的原因》，刘云霞，《新乡学院学报(社会科学版)》，2012。

华人学者钱存训分别有博士论文《书于竹帛——中国古代的文字记录》和《纸和印刷》《中国印刷术》等中国印刷术的有关研究著述。1968年，钱存训应李约瑟（Joseph Needham)之邀撰写《中国科学技术史》中有关造纸制墨和印刷术方面的内容。1982年出版的《纸和印刷》一书为《中国科学技术史》第五卷第一分册。

由此可以看出，当前对于中国传统印刷的研究以历史研究为主，在系统历史总结基本完备之后，研究者逐渐从历史梳理向文化、社会的视角拓展，这也是印刷设计研究开展的启发。研究方法和研究视角相对于历史资料的发掘、整理而言有了更进一步的价值和意义。

第四节　研究框架与意义

对于设计史研究而言，其中暗含了一个关于时代与技术的疑问，即如果古代的生活器物或其他生活内容载体的设计在解决生活问题方面远逊于当代，或者古代较为烦琐的解决方式能够被当代技术轻松、简易地替代的话，那么对于古代的设计进行探讨就没有什么价值。除非只是出于历史复原、再现的目的，或者限定于历史时代框架下来讨论历史。否则，设计史所要探讨的，应当是古人与今人，在做设计时并没有因为技术和时代的原因表现得云泥两判，甚至古人能够提供今人所不能提供的设计思路，即古人胜于今人。此时，可以说，古人的设计探索及成果值得今人学习。这也是设计史研究的价值所在。

对设计史的探讨总会涉及这样两个层次的设计：第一层次的设计，是讲物的性质特征，以及根据这些性质特征如何进行裁切和组合，如《营造法式》对建筑中的各项细节进行了详细的介绍，不厌其烦地铺叙各类细节；第二层次的设计，是讲如何应用各项物品、因素，使物为人用，以人役物。这时的设计跳出了非常具体的各类物的细节因素，但依然主要停留于物的层面，涉及的人是穿插于物之中，以此证明这些设计是符合于所有人需求的。此时，设计史就具有了任何时代都可以参考的价值。

文化是存在于中国传统印刷设计脉络之中的重要因素，在对明代印刷设计史进行考察时，既要承继前代的脉络，也要注重当代的发展，并与后代相区分。宋元时期，中国传统印刷已经展现鲜明的特色，但有些技术（如饾版和拱花）尚未出现。至明代时，中国传统印刷的技术和表现题材都为印刷的表现提供了充分的可能性。从装订方式来说，明代已经基本完备；从雕版技术来说，多色套印和饾版技术能够表现丰富、微妙的色彩；从题材来说，市井文化经宋元至明时已经达到非常丰富的程度。在清代早期和中期，雕版技术承继明代的发展，更为成熟，而自清代晚期起，西方印刷机器和技术伴随着西方经济、文化的传入而输入中国，中国传统印刷术受西方印刷技术的影响，开始衰落，直到现在，中国传统印刷术只应用于很小的范围。也就是说，中国传统印刷发展到明代都是处在中国传统发展的脉络上，服从于中国传统印刷文化的。相对于前朝，明代印刷有技术和表现上的优势；相对于后代，明代印刷有文化纯粹性的特点，这也就是明代印刷史研究相对于其他朝代印刷史研究价值的独特所在。

明代17朝16帝，共277年，研究发现明代不同时期的印刷有着不同特点，本书按照雕版发展状况进行时期划分。宋元时期，印刷的地域性特征更为鲜明，可以从字体、版式等要素对不同地区的雕版进行鉴别。明代时则不同，刻书行业大为普及，除建本外，地域性差别基本消失，由于明代持续时间长，不同时代的差别反而显著。对于明代的印刷设计，本书划分为三个时期：洪武至正德时期、嘉靖至隆庆时期和万历至崇祯时期。第一个时期历时153年，第二个时期历时50年，第三个时期历时71年。三个时期历时长短不一，不同时期的印刷设计则表现出明显的时代特征。

从研究对象来说，本研究的关键词是印刷和设计，所要研究的也就是明朝时期的各类印刷品，研究重点考察这些印刷品所体现的设计文化。具体来说，作为印刷品的主要构成对象，书籍是本研究的重点，另有其他类别的印刷品，如邸报、纸币、信笺等。书籍是一种涵盖印刷技术最全面的类别，形式也最为丰富多样，举凡字体、装饰、图画、装帧、版式等，不一而足。不同时代、不同出版机构、不同地域乃至不同书坊，都会表现出许多的不同，这为开展研究提供了充足的对象基础。尤其是插图，时代、绘者、刻者、地域等因素都对插图的表现造成影响。此外，印刷技术对印刷行为的影响值得注意，采用雕版还是活字印刷，除与技术相关外，也受到社会文化的影响。晚清时西方铅印传入中国，活字印刷的应用才在中国全面推开，但早在明代，活字印刷就已经凭借活字优势在邸报印刷中使用，但技术的困扰使得活字印刷没有得到充分发展，本书对活字印刷也进行了介绍和分析。传统的木版水印在明代已经基本成熟，所需要的因素也已经具备，清代是在此基础上的发展成熟，所以，将套印和拱花从技术到应用进行专门介绍。

明代中后期开始，商业印刷所占的比重越来越大，表现也越来越丰富，商业竞争势在难免，书籍印刷中出现了各种形式的广告。广告成为商业竞争中获利的手段。丰富多彩的广告为设计提供了发挥作用的用武之地。虽然由于木版雕刻精密度和水印的限制，明代书籍中的广告，其表现力不如现代广告丰富，但不妨碍对明朝的书籍广告进行研究。此外，明代图书销售中的价格问题、流通问题，本书也做了研究和介绍，这些问题直接影响到印刷的面貌，也影响到接受群体和受众接受特点等要素。

对古代印刷设计进行回顾与分析，既需要以历史的眼光来看待，也需要本着历史对当下指导意义的研究目的去考察和判断其价值。明代印刷设计艺术史研究是以是否对现代阅读有所裨益为依据的。根本而言，探讨传统印刷和现代印刷的一个基础就是，古代的纸媒以及现代的纸媒与数媒作为信息承载和传达的方式从视觉表现角度看是一致的。这种内在一致性是本研究的现实价值所在。

“印刷设计文化”这一概念中的“文化”包含两个层面：第一个层面是指印刷技术中所包含的形式构成体现出一种文化，印刷设计就是文化的一个表现领域；第二个层面是指特定的文化总会影响印刷设计的形式，特定文化塑造了特定的印刷设计。这两个层面指的也就是文化中包含的传统印刷文化的特征和传统印刷中所蕴含的文化。基于上述研究预期，在研究方法上主要是艺术学和文化学的方法，即一方面研究印刷品的视觉形式和视觉效应，以及读者的阅读体验；另一方面，则是从印刷品的表现形式以及当时人们的表述中发现印刷设计背后的文化。

由于本书是对古籍进行研究，所以，研究对象的直观接触是首要的，但古籍较为珍贵且稀少，在资料占有的全面性上不容易做到，相关研究也不便于开展，这直接限定了本研究所能涉猎的广度和研究可靠性。从现有著述看，优秀的史类研究成果往往建立在一手资料的丰富积累上。张秀民先生从年轻时开始在图书馆中接触大量古籍，积数十年之功完成一部50万字的力作。本研究无论是在研究时间保证上还是在研究材料保证上都无法企及，唯一的优势是不同于前人的研究视角和研究方法。所以，本研究可以作为后续研究的基础，在今后有更翔实可靠的资料作支撑，才能将本研究的目的较为充分地实现，或者说本研究的目的就是对后续研究提供基础。

第二章

明代书籍印刷设计

书籍是中国传统印刷中的主要门类，它所需要的印刷技术最丰富，对技术的探索和应用最充分，从传播角度来说，印刷数量最多，流传最为广泛。这些因素都使书籍成为考察明代印刷设计的主要对象。

明代书籍印刷具有三个特点：第一是体系完善，官、藩、家、坊四种途径涵盖了社会的各个需求层次，从中央到地方，从官方到民间，印刷活动十分繁荣；第二是图书构成丰富，既有严肃的官方经典，也有世俗的各类历书、小说、科技著作、少数民族书籍，还有各类宗教作品；第三是成熟的印刷技术带来五彩缤纷的出版物。明代的彩色印刷相当成熟，各类图画书大批量涌现，文人、艺术家参与出版，大批技术精良的刻工保证了高标准追求的实现。

明代各类书籍的普及程度远超前朝，发行量极大，配有插图的各类通俗读物是出版发行的热点，印量远超儒家经典和历史著作。书籍出版不再是耗费资材的政府行为，而成为获利的商业行为，充分借用了民间智慧。

第一节 明代书籍印刷概况

1368—1644年，明王朝总体上社会安定和平，社会经济不断发展，为经济、社会、文化和科技发展营造了良好的环境。开国几十年后，经济就呈现出繁荣的景象，全国各地都有一大批商业和手工业中心城市，如南京、北京、广州、开封、武昌、济南、太原、平阳、重庆、成都等。这些地方也是书籍印刷发行的重要地点。自宋以来，科举取士人数大增，扩大了社会上对于书籍的需求，明代人口的剧增既使科举考试的难度增加，又扩大了知识阶层的规模。在许多地区，即使是从事工商业的人也要掌握一定知识，文化普及达到相当高的水平。

明代印刷在种类、数量、体系和地域分布等方面都大大超过了宋元时期，印刷技术和工艺也有很大发展。有明一代，根据黄虞稷的《千顷堂书目》统计，约有15000余种各类书籍；《中国古籍善本书目》收录明代善本23000余种，除复本和稿本，还有18000余种。按郭孟良所估算，综合境外地区所收藏的各类书籍，总共约有35000种。而所有各朝的古籍总量约在10万~15万种之间。[1]宋元时期的大部分书籍，尤其是儒家经典，在明代都有翻版或重新雕印。明代时，从中央到地方的各级政府都建有一定规模的印刷机构，民间印刷则遍及各地。宋元时所形成的作为城市区划下的南京、杭州和省级区划下的福建为中心的分布，到明代时规模更为扩大，出现了北京、徽州、苏州等新的印刷中心。在一些规模较大的作坊中，工匠和作坊主形成雇佣关系，形成了刻版、印刷、装帧的分工，自产自销的销售方式被生产与销售相分离的方式所代替，家庭印刷也出现了不同程度的分工。在宋元时期朱墨印刷和印后上色的基础上，明代的雕版、活字版和分版彩色印刷普遍应用，拱花创制，除木活字外，还有铜、锡等金属活字。徽派刻工的崛起直接推动了明代雕版技术的发展，形成了卓有特色的明代版刻艺术。

虽然明代提倡程朱理学，禁印过一些书，但总体而言采取较为开明的政策。各类传统的经典著作得以大量印刷，明代起随着市民文化兴起，繁荣的各类小说、戏曲成为适应一般读者需求的读物，这为印刷的发展，以及其中的插图的兴盛提供了很好的基础条件。启蒙读物，如《三字经》《百家姓》《千字文》等遍及普通家庭，此外，农学、医学、哲学等各类著作都得以印行。

官刻、藩刻、家刻、坊刻是明代刻书的基本构成。

官刻，包括内府本、国子监本及其他中央机构刻本，地方官刻书帕本[2]。明最大印刷部门是国子监，国子监又分南北，称作南北监，除此之外，还有秘书监、都察院、钦天监、礼部、太医院等部门也从事印刷。京城从南京迁到北京后，司礼监成为宫廷最大的印书机构，所以，内府本往往被称作“经厂本”。国子监印书主要是供学生及官员阅读的经、史、子、集等，也有供初学者使用的启蒙读物。司礼监是明皇室的印刷出版主管机构，管理经书印版和印成的书籍，以及各种皇帝批准的书籍。内府本是皇家的刻本，直属于皇帝的仓库宫室，一般将它与经厂本等同，但要排除洪武朝。朱元璋极力限制太监，但朱棣在靖难过程中南京宦官逃入其军中，从而获得信任，太监权力得以放肆。内府本由司礼监刊刻，下属经厂库存储书版并印行。经厂刻本一般刻工精良，可以代表当时较高水平。据

[1] 郭孟良，《晚明商业出版》，中国书籍出版社，2011 年，第 68-69 页。

[2] 明代官员上任或奉旨归京，例以一书一帕相馈赠，当时称这种书为书帕本。明代书帕是官员互赠的礼物，多由官方出资刊刻，少量家刻，授受双方都只把这种书作为一种雅俗，并不读，所以只注重外表的装饰，刊刻水平差，不受人们重视。

《大明会典》记载，嘉靖十年时，司礼监有刊字匠315人，笺纸匠62人，刷印匠134人，折配匠189人，裁历匠81人，裱褙匠293人，笔匠48人，黑墨匠77人，画匠76人。政府各部门重点印刷与本部门相关的书籍，有的部门也印刷超出自己业务范围的书籍。

朱棣迁都后，南京、北京各有国子监，但南监书版多数不是自己刊刻，而是接收元集庆路旧存书版，多为元杭州西湖书院书版，西湖书院又较多是南宋国子监旧版，元代所刻只有一部分。北监本存世也不多。

地方政府印刷的内容除翻印中央颁布的必读书籍外，也印制方志和与当地有关的书籍。政府主办的书院也进行印刷。其他官刻存世不多，一些存世的书帕本可能经淘汰，刻印质量尚可。

藩刻的出现是因为明代藩王必须到藩地居住，许多爱好文化的藩王便刻印书籍。藩刻在明前期不多，嘉靖、万历时期最为兴盛。各藩王所刻印的书籍与其本人的兴趣爱好、个人素养有着极大关系，所以往往品种很多，门类庞杂，除经史子集外，还有律典、医书、宗教用书、琴谱、茶谱、法帖、地理书籍、花卉栽植赏析、小说、各类传记等，有些书是藩府首次刻印。由于藩王刻印书在用料、刻工上用心，能够代表当地最高水平，在印刷史上是很珍贵的。

明初刻本延续元刻本风格，浙本成为遍及全国的通行样式，无论官刻、坊刻还是家刻，在字体、版式上都差别不大。“平水本”的名称消失意味着山西汾阳已经不再是全国的刻印中心。建阳坊刻则在小范围内依然自成一体。

家刻和坊刻是相对于官方刻书的民间私刻。明代民间印刷最发达、最集中的地区是江浙一带的南京、苏州、杭州、常州、扬州等。闽北建州府建阳县是印刷集中地区，所印书籍行销全国。成都是历史上最早发展印刷的地区，但自宋元以来，随着沿海地区的发展，成都在明代时仅居于中流地位。山西平阳在金元时期是印刷的重要地区，但随着政治格局的变化，发展也不如以前。北京虽然是政治中心，但印刷技术不如江南地区。

明代北京的民间印刷远不如南京、建阳等地发达，北京有十几家刻坊，建阳有80多家，南京则超过90家。这是由于北方造纸不发达，所用纸要从南方输入，增加了成本。另外，发达的官方印刷吸收了大批优秀人才，致使民间印刷的力量不足，所以北京的民间印刷不发达，但书铺销售从南方运来的书籍，生意十分兴隆。南京的民间印刷业远超北京。这是因为南京虽然是南都，但保留了一些政府机构，是东南地区中心，所以明代南京的印刷业在原有基础上迅速恢复发展，吸引了周边刻工，各地书坊也搬迁过来。到明中期时，南京印刷规模超过建阳，成为全国印刷的中心。南京书坊的刻书包括各种平话、小说、故事、戏曲、传奇等通俗读物。唐姓书坊的数量在南京的近百家书坊中占比最多。

明前期家刻本传世的不如官刻多，坊刻本除建本外也不多。建阳印刷的发展得力于自然、社会和历史条件。建阳地处闽北洼地，水运便利，与江西的陆路交通也很便利。此地盛产竹子，为造纸提供了丰富原料，附近的制墨作坊为印刷提供了足够的墨，附近的莒口乡盛产梨木，提供了优质板材。自唐末、五代以来，建阳未受战火影响，避乱的文人学者聚集在这里，形成了浓厚的文化气息。明代时，从宋元时期以经史子集为主转向多样化发展。为了在竞争中获得销路，书籍品种不断增加，形式不断翻新。通俗读物大量出版，如《天下难字》《千家姓》《声律发蒙》《诗对押韵》等供儿童学习的读物；儒家经典的通俗化读物，如对经典的白话注释、应试类的《献廷策表》《答策秘诀》等政府不会印刷的读物；科技、医药、相书如《事林广记》《居家必用》《朱子语录》《马经》《农桑撮要》《鲁班经》等，此外还有小说、历史故事、平话等。但宋元时期盛行的平话已经被明代的小说所取代。这些书籍中配有大量插图，不同书家插图也不同，在书前冠以"全像""绣像""图像""出相""补相"等以吸引读者。建阳书籍的插图雕版水平不如徽派精致，而是以多取胜。当时，粗制滥造的风气也很流行，损坏了建阳印刷的名声。明末，建阳印刷逐渐衰落，许多字号停业。

苏州是继南京、建阳之后的印刷集中地区。明中期时，南京的印刷已形成很大规模，所印书籍数量多，质量好。苏州的阊门和金门一带集中着一批书坊，因此，苏州的书坊多冠以"金阊"。苏州书坊印书的品种也比较多，但以小说和民间读物为主，历代名人的诗文集、经史、医学类书籍也占有一定比例。苏州府所属常熟县的毛氏汲古阁是当时著名的藏书楼。毛氏以毛晋起始，从学于钱谦益，遍收历代版本，是著名的藏书家。在汲古阁中，"其制上下三楹，始子讫亥，分十二架，中藏四库书及释道两藏，皆南北宋内府所遗，纸理缜滑，墨光腾剡。又有金元人本，多好事家所未有。"毛晋在广泛收揽图书的同时，也从事书籍刻印。毛晋儿子毛扆曾提及，当时毛家有印刷工匠20人，连同其他刻版、装订等工匠，可能不少于100人，家里的200多名仆从很多也参与抄书、印书。毛晋从30多岁开始印书，30余年间，刻印了规模庞大的《十三经》《十七史》，还有一套《津逮秘书》，15集，144种，750卷。此外，还有唐宋元人的别集和词曲、道藏等书，毛晋个人编著的《毛诗陆疏广要》《海虞古今文苑》《明诗纪事》《银湖题跋》《汲古阁珍藏书目》《汲古阁刻书目》等。毛晋晚年自述家中有超过10万块版。汲古阁印刷自清初开始衰败，毛氏第三代时已完全衰败，所存印版被人买去，甚至用作柴烧。

杭州的印刷业在明代时有所发展，但不如南宋时兴盛，排在南京、建阳、苏州之后，可考的书坊有23家。杭州书坊中刻书最多的是胡文焕的文会堂。胡文焕，字德文，刻书活动时间约在万历至天启年间，是杭州有名的藏书家和出版印刷大家。他所刻印的书籍约有450种，许多是他自己编写的。他的自编、自著、自印在印刷史上比较少见，《格致丛书》200余种，《百家名书》103种，在出版印刷史上很有特色。杭州的寺院也刻印了很多佛经。

徽州是文房四宝产地，明代时这里的印刷发展起来，可考的书坊就有10家，所印书籍以插图著称。徽州印刷的兴起是在明中期，一批技术精湛的刻工涌现，刻出的印刷品因精致而成为区域特色，特别是歙县虬村的黄姓刻工，精雕细镂，自成一派。一些徽州刻工远到南京，扩展了徽州的影响。徽州坊刻最多的是歙县吴勉学的师古斋，以刻印医书而闻名。汪廷讷的环翠堂由于资金雄厚，质量精湛，特别是插图，非常精美。

明代所刻印的图书除前朝已有的以外，最有特色的是戏曲、小说和各类通俗读物，还有传播西方科学技术的科技类图书是以前朝代所没有的。

对于明朝的印刷，在进行时代划分时，以洪武至正德（1368—1521年）为初期，嘉靖至隆庆（1522—1572年）为中期，万历至崇祯（1573—1644年）为晚期。在初期，虽然有《三国演义》和《水浒传》等通俗小说问世，但话本、传奇等并不多。从商业发展、社会思想观念、市民社会的发展程度来看，这一时期是一个沉寂的时期。各类官方发布的印刷品是主要形式。成化年间，以说唱为代表的词话本如《三国演义》《水浒传》《西游记》《封神演义》等出现，代表着民间文学的兴起。嘉靖至隆庆年间，坊刻小说开始发展，长篇章回小说在长期的抄本流传之后，被刊行发布。除上述作品外，《英烈传》《大宋中兴通俗演义》《平妖传》《列国志传》等相继问世，历史小说出版进入兴旺发展的时期；中篇的传奇兴盛起来，成化年间有《钟情丽集》问世，随后又出现了《怀春雅集》《寻访雅集》《传奇雅集》等；短篇文言小说和白话小说结集刊刻，《虞初志》《何氏语林》《顾氏文房小说》《艳异编》等纷纷涌现，推动了通俗小说的繁荣。万历、泰昌时期是通俗小说出版持续繁荣的时期。长篇小说大量刊行，讲史小说几乎涵盖所有朝代，公案小说成为一个新的门类，《西游记》的再出版掀起了神魔小说的热潮，以《金瓶梅词话》为代表的情色小说也成为重要流派。短篇小说集、大型丛书纷纷出版，共同塑造了晚明的繁荣出版局面。天启、崇祯时期新出版的通俗小说约80种，著名的“三言二拍”出现，新出现的时事小说兼顾了现实和艺术，伴随着晚明时期的动荡社会局面成为热潮。

出版的热潮意味着读者群的扩大，也意味着作者群、出版群的扩大。大量人员参与印刷出版，促进了整个行业的发展。为满足人数不断扩大、审美水平不断提高的消费群体的需求，并在日益激烈的商业竞争中获利，印刷，作为当时最自由、文化艺术含量最高的行业，发展出多样的印刷设计文化形式。

在嘉靖至万历前期，通俗小说的出版与创作中心是以建阳为中心的闽北地区，这是承继前朝发展和避于祸乱所形成的优势。万历中期以后，中心开始向文化经济发达、地理条件便利的江浙地区转移。天启、崇祯时期的南京、苏州、杭州则已经具有了绝对的优势。

第二节 洪武至正德时期

明初时，朱元璋曾下达过“翻刻”的御旨，各地藩王、政府只能按照官版样式翻刻典籍。坊刻为满足科举需要，大量刻印各种科举用书，并成为主要盈利来源。朱元璋的《大诰》严格规定对科举用书的刊刻，刻书工匠只能依照官版式样刻，有司照章执行，版式风格趋于一致（图2-1）。

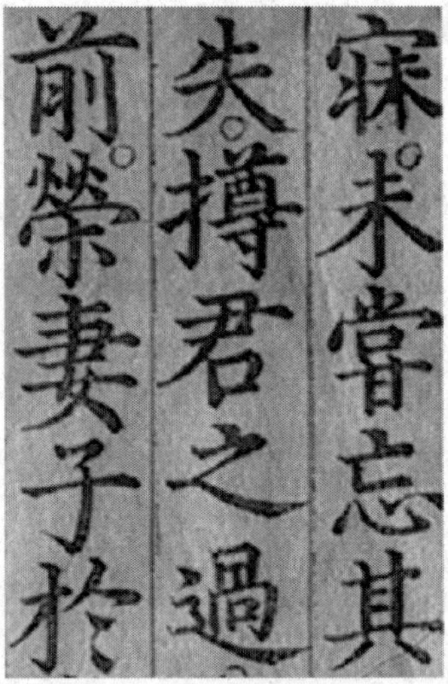

图2-1 《御制大诰》文字字体

明初的印刷沿袭元代，无论官私，均以宋本为模本。明朝前期刻书的版式大都采用宽栏大黑口，字体多为楷书，版式很阔大。由于明初的这种沿袭做法，以至于有书商去掉序文和透露相关时代信息的文字冒充元版书。虽然是复古的，但复制宋元本的做法则比较少。所以，明初时沿袭元代风格，由于是官刻为主，所以质量有保证。

明初文化控制严密，大量印刷维护统治的“制书”，建立起以司礼监、南北国子监为主体，兼以各政府部门和地方政府的官方出版系统。司礼监是内府印书的主要部门，所印书籍被称作“经厂本”或“内府本”。这些书籍的印刷非常精致，纸墨质量都很高，字号也大，行格舒朗，视觉效果很好，但校勘不精，文字谬误较多，所以评价不高。

一、字体

“黑口赵字继元”是对明初刻书特征的简单归纳。当时，官刻的通行字体为赵体字（图2-2），司礼监的经厂本模仿当时馆阁体书法家姜立纲的字体。永乐时期，翰林学士沈度的台阁体（图2-3），也称“馆阁体”，受到成祖朱棣的赏识，在内府采用这种字体后，地方政府也纷纷仿效，从而成为一种官方专用的字体。后来，随着姜立纲的成名，姜立纲所书字体成为新的台阁体规范。姜立纲“七岁以能书，命为翰林院秀才”。他的字体在赵体中带有柳公权的笔法，天顺、成化、弘治三代名噪一时，当时的内廷制诰、碑额大都出自他的手，被称作“姜字”（图2-4）。因此，司礼监在印制书籍时采用姜立纲的字体是很自然的事情。其他印刷字体以楷体为主，欧、颜、柳、赵都有，但明初以赵体为主，永乐年间开始流行台阁体。

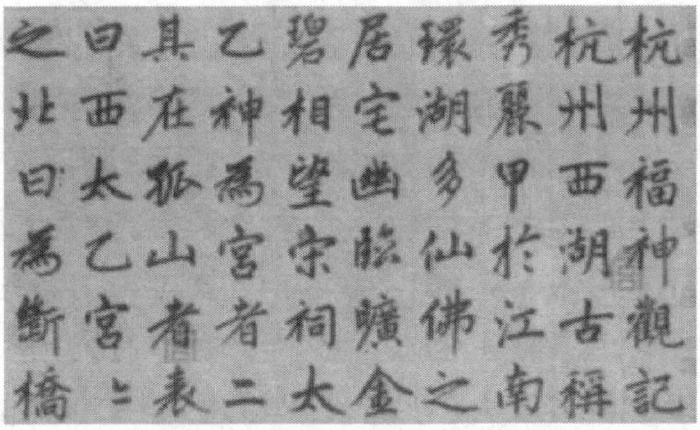

图2-2 赵孟頫《杭州福神观记》

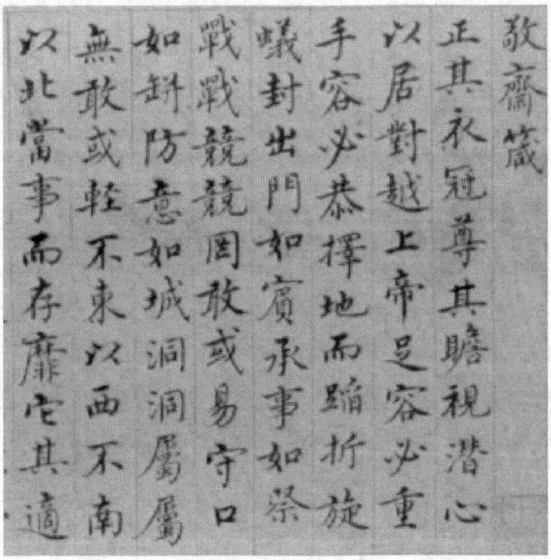

图2-3 沈度《敬斋箴》

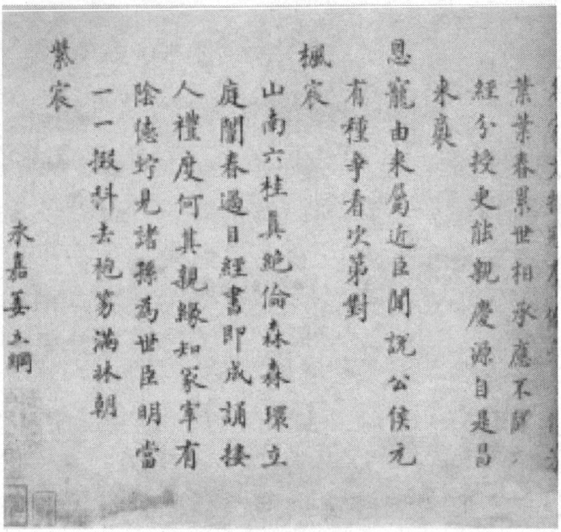

图2-4　姜立纲字体

赵体是自元以来的印刷用体，明代沿袭，所以有“赵字继元”的说法。这是由于元朝旧有的刻书铺和工匠被征召进内府后，依然习惯于用自己原有的粗大黑口风格。地方政府在翻刻敕撰、官修或御制文书时只能依据中央要求依样翻刻，而不能随意变更，从而客观上形成了统一的官刻特征。坊刻和私刻则因为受官刻版式的影响也多数采用了这种方式。朱元璋为保证中央政令在执行过程中不走样，从文字出发（采用粗笔画的字样能较少因翻刻原因造成舛误），特意颁布律令，并交由有关部门专门负责查看，如有违令者，要重罚。强有力的政治管理也使得字体明了、装饰清晰的版式成为当时通行的方式。赵体、姜字的出现体现的是一种书法审美，而它们的流行则是因为与当时的社会政治相一致。馆阁体在明代盛行，且在后世一直是官方用字的主流，是因为其实用价值而不仅仅是审美。

洪武至正德时期，建本沿袭元建本，字体为瘦而圆劲的颜体，但后来笔画变得生硬，圆劲味道也消失了。

二、纹饰

在版面装饰上，该时期的装饰特征从元浙本的白口、细黑口发展为大黑口，鱼尾仍为双黑鱼尾，上鱼尾下方用简称记书名、卷次，下鱼尾上方或下方记页码，左右双边或四周双边。刻工姓名因为是大黑口而多不记。从版式上看，版面阔大，行格舒朗，字大如钱，颇为悦目。司礼监的经厂本都加圈断句。初印的常在每册首页加印“广运之宝”红色文字的大方印。但万历年间，司礼监所藏的典籍和印版遭到宫中大火和战乱影响，损失严重。

明建本都作大黑口，双黑鱼尾，书名、卷次、页码在版心的位置与宋元建本相同，四周双边或左右双边，不记刻工姓名。因通行包背装，蝴蝶装消失，书耳就没有存在的必要。序跋题识少见，牌记较多。

三、装帧设计

此时期司礼监所刻印的书用上好的白棉纸，用好墨精印，早期的装订多半是包背装，但多已改装。原装的封面用蓝色较多，官刻本用蓝绢，内府刻本用黄绢或蓝绢，嘉靖以后，这种做法逐渐松弛，不再讲究了。

该时期，朱元璋和朱棣分别刻印了《大藏经》，被称作“南藏”和“北藏”，还有《道藏》，印成后分颁各地寺庙。这些宗教书籍用的是经折装。

明代历书多是用黄绫包背装，也有纸面包背的，除墨印外，还有蓝印。

第三节　嘉靖至隆庆时期

此时期雕版的特点被总结为“白口方字仿宋”。整个雕版发生了较大的变化，字体由此前的赵体突然转变为欧体，版式由大黑口变成白口。在这个时期里，前后七子倡导复古，这股时风反映在刻书领域就是要复宋刻之古。正德以后，特别是嘉靖时，无论官私，不但翻刻宋元旧籍，而且在版式、字体上也全面模仿。而宋刻的特征就是刀法剔透，白口大字，一派古朴大方的风格。嘉靖年间所刻数量多，质量高，不同于其他时期，被称作“嘉靖本”。这些书纸白墨黑，行格舒朗，左右双边，一派宋版气韵。嘉靖本样式起源于具有文化中心意义的苏州，后向全国扩展。在苏州，白口欧体由家刻古书所引领，受到欢迎后向外地传播，也影响了官刻、藩府刻和坊刻，但经厂本、个别版本和偏远地区仍然为明前期样式。

建本到明中期仍保持独特风格，而未被嘉靖本所同化。建阳书坊大批刻印章回小说要到万历后期。

一、字体

嘉靖本与明初本和后期的万历、天启、崇祯等本都有明显区别，全面模仿南宋浙本特征。字体仿南宋浙本用欧体字，但相对于南宋书写体的欧体，此时较方板整齐，符合印刷所要求的规范化。不避明帝名讳，但覆刻宋本时沿用宋代避讳。

中期建本在早期基础上继续演化，宋元建本圆润的颜体字基本消失，转为点划生硬、撇捺较长的字体，不如宋元及明初建本美观。

正德以后，字体逐渐摆脱赵体束缚，朝两个方向发展：一个是模仿宋代刻本的楷体，结构方正，有肥瘦两种类型；另一个是在南宋中期出现的，在宋体字基础上的进一步发展，横细竖粗，四角为方，这也就是后世所说的“宋体字”。

正德、嘉靖年间，刻书字体仍然延续欧、柳的风格，但结构开始趋向于方正，版心从黑口改编为白口。这与明人重视宋代版本有关。无论官私，都以宋本为刊刻的模本，一度形成大力翻刻宋本的风气，连字体也一反元、明初的赵体，而仿欧、柳、颜体。文人的喜好使得书籍印刷也必须迎合这种复古风气。这种复古做法包括翻刻本、覆刻本、仿宋本、影刻本等。

翻刻本，是指根据原版重刻印刷，一般仍按照原来的内容、字体和版式刻，有的加序言说明翻刻的原因和经过。建阳有的书坊为追求速度，把书割裂篡改，造成很多错误，以至于许多官方委托刻印的建本书籍牌记中会专门刻出官府公文。嘉靖十一年（1532年），巡按福建监察御史吉澄在校刊后发给各书坊的版本中刻有公文牌记：“为此牒仰本府着落当该官吏，即将发去各书，转发建阳县，拘各刻匠、书户到官，每给一部，严督务要照式翻刊，县仍选委师生对，同，方许刷卖，书尾就刻匠户姓名查考，再不许故违官式，另自改刊，如有违谬，拿问重罪，追板划毁，决不轻贷，仍取匠户不致违谬结状同依准缴来。嘉靖拾壹年拾贰月日故牒建宁府。”[1]由此，书坊及刻字工人一切都依照旧式翻刻，宋本字体的欧、颜、柳体不变，避宋讳的缺笔都丝毫不变，版心中每页的字数、刻工姓名都依样摹刻。雕版工艺获得长足发展。

覆刻本，是指将宋元时印本直接贴到版面上，原样不动覆刻，版式、字体自然也就完全忠于旧样。这是由于当时宋元时的原本数量很多，所以直接毁掉原书也并不太可惜。刻工由此形成习惯，在刻当代作品时也认真对待，形成相似的字体。

仿宋本，是模仿宋版字体刻书。当时，由于刻工在仿古上的做法很精到，以至于不仔细辨别就会误认。

影刻本，是在雕版前先请人在宋版底本上铺很薄的纸影写，然后反贴在木版上仿刻。这种做法，如果做得精致，也能达到乱真的效果。但也有脱字、擅自更改的现象。

宋元刻本本身校勘质量高。高濂在《遵生八笺》“燕闲清赏”一节中谈

[1] 黄永年，《古籍版本学》，南京：江苏教育出版社，2009年第二版，第127页。

论藏书时说：“宋元刻本，雕镂不苟，校阅不讹，书写肥细有则，印刷晴朗，况多奇书，未经后人重刻，惜不多见。佛氏、医家二类更富。然医方一字差误，其害匪轻，故以宋刻为善。”此时期明代刻书的质量较高。

明代印刷字体的最大成就是“宋体”字的初步形成，该字体后来在清代时完善后成熟。明代印刷字体以楷书为主，除当时名家外，常用字体是颜、欧、柳、赵等体，与宋元区别不大。在宋版书中，已经出现了强调“横平竖直、横轻竖重”的印刷字体，但没有脱离楷书，被看作“宋体”字的初始状态。蒲松龄在《聊斋志异》中说：“隆、万时有书工专写肤郭字样，谓之宋体。刊本有宋体字，盖昉于此。”钱咏在《履园丛话》中也说：“有明中叶写书匠改为方笔，非颜非欧，已不成字。”这些字体当时被称作“宋体”或“宋版字”“匠体字”，实际上与宋版上的字并无关联。明初时，这种字体被改革，脱离了传统的楷书模式，真正成为独立的印刷字体。这种字体过分突出字形的方正，忽略了文字本身的组合特征，因此被许多人批评。但这种字体摆脱了各种书法字体的特点，是一种全新的完全适应印刷的字体，所以逐渐被广泛接受，并成为一种官方承认的书刊正文常用字体。因为宋体专用于印刷雕版，所以也被称作“匠体”，日本则称作“明朝字”。

明中期时，宋体字得到修整，万历年间，在南北国子监中也开始使用这种字体，它与各家各派书法都不同的独特美感也为人们所欣赏。清代时，宋体字又出现仿宋、长宋、扁宋等变体。

宋体字的出现显然有书法家的因素，但它被重视和推广，则与刻工关系密切。后来人们才认识到这种字体的独特美感。对于书法而言，笔画的粗细变化是它美的构成之一，但对于刻版而言，木板的纤维和纹理给雕刻工作带来一定阻碍。在宋体字出现之前，楷体字而非行草等便于人们书写的字体成为印刷的主流，就是因为它具有印刷因素。印刷的首要目的是大批量复制传播，以对读者产生影响。在印刷过程中，存在着各种不可控的因素，这些因素都可能影响到最终印刷效果，易于识别的楷体字有着印刷的优势。同时，刻工雕刻不同的字体所耗费的工时是不一样的。刻出粗细不同的笔画就要不断切割木纤维，耗费体力较大，而横平竖直的笔画则可以沿着木材纹理刻画，需要切断的纤维大大减少。行草字体里的弯、折、勾等刻划复杂的笔画被转化为直线型，便于凿刻，有效提高了刻版的效率。宋体字在楷体字的基础上进一步规整，是以适合刻工雕刻为目的的，所以能更加有效地减少刻版工作量。据测算，采用宋体字时，抄写和刊刻的速度都大大提高，约能节省一半的刻版费用。

现存最早的明代宋体字刻本为正德十六年（1521年）江阴朱氏文房的

《樊川诗集》（图2-5）。此时，字体依然保持楷体笔画特征，但宋体的“横平竖直、横细竖粗”已经很明显。嘉靖三十五年（1556年）无锡顾氏奇字斋的《唐王右丞诗集》（图2-6）中的字体已是标准的宋体了。

图2-5 《樊川诗集》

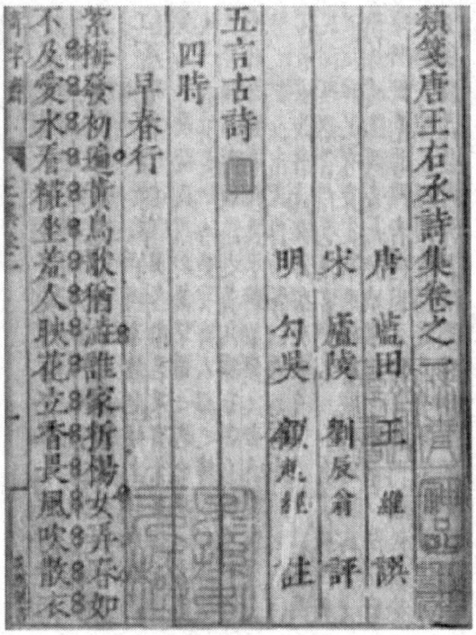

图2-6 《唐王右丞诗集》

二、纹饰

嘉靖本版式仿南宋浙本，作白口，变前期的双鱼尾为单鱼尾，左右双边。个别将书名刻在鱼尾之上。有的在版心下方刻牌记。

建本为大黑口，双黑鱼尾，四周双边或左右双边，不记刻工姓名。和前期建本一样，有时在正文小题等上加鱼尾以醒目。少可序跋，多有牌记。此时的建本依然不避皇帝名讳。

三、版式

明代版式基本沿袭宋元以来样式，变化较少。

版框：明代的细线单边、粗线单边、文武边等形式在明代都有使用，但最多的是上下单边左右双边。多数书有行线，少部分没有。一些书还用花边边框，这是以前所没有的。

中缝：明代中缝以单鱼尾和双鱼尾为多，单鱼尾多放在上部，下部用横线隔开内容，双鱼尾有对向或顺向两种，个别书采用多个鱼尾。中缝内写书名、卷次、刻印时间、出版人、页码等，少数有刻工姓名。

牌记：明代牌记有龟趺形、钟形、鼎形、琴形、莲花荷叶形等。

版权和广告：宋代已经在书籍前面或后面刊印版权和广告，明代的坊刻书中版权和广告很多。广告内容是刊印者的字号、地址、刊印的目录。版权宣示主要是“不许翻刻”“不许重刻”“翻刻千里必究”等字样。

标点符号：宋元时的印刷品中都出现过句读，明代使用越来越多，也越来越多样。这些句读形式多样，但较为常见的是“.”和“。”这类容易雕刻、识别性也不差的形式。

四、装帧设计

明代最流行的是包背装，经厂本、藩府本和各地坊刻很多都用包背装。卷轴装只有少量使用。经折装主要用于佛教经卷。嘉靖本自明中期起，多用线装。建本也多改为线装。

第四节　万历至崇祯时期

自万历开始，明刻本表现出不同于嘉靖本的新风格。主要改变仍然是字体和版式，字体改变更明显。字体由出于南宋浙本欧体标准而方板整齐的嘉靖本字体特征转变为更加方板整齐，横平竖直，横细竖粗，完全脱离欧体，世称“方体字”，也有称“宋体字”，字体得以进一步规范化。该字体与宋代三地所用字体都不相像，之间也无关联，所以从横平竖直的笔式特点称作“方体字”。这种字体长期以来并不讨喜，但从明万历至清代都采用这种字体，铅印技术引入后也用的是这种字体，称为“宋体字”或“老宋体字”。这种字体始于徽州，随着徽商的活动传播到江南地区，后经江浙一带影响扩散到全国。

随着这种专用于印刷而缺乏个性特征的规范字体的扩散，追求与之相区分的新刻本，“写刻本”在万历时出现。这种写刻本就像早期刊刻一样，用普通书写的字体写成后再刻写，但因为这种区别于通行字体的做法就是要突出个性，所以万历时的写刻本虽然仍用赵体字，但已不同于前代的赵体字，而追求字体的书法风韵。

天启、崇祯两朝的刻本中除保持万历时的方体字和少数写刻本外，在杭州坊刻中又出现了新的字体。这种字体相对于之前的方体而稍长，笔画相对于横细竖粗而较瘦，相对清朗，后被清人沿用。

章回小说在万历时进入全盛时期，迎合这种需要的坊刻本大为兴盛，建阳刻本最多，其次是南京，但南京偏重于戏曲类型。建阳书坊以余姓开设的最多。余姓所开设的书坊宋元时期就很有名，此时复兴。南京唐、周二姓书坊开设较多，周姓多刻章回小说，唐姓多刻戏曲。但这些多数是在万历年间，天启、崇祯时衰落，建阳刻书中心到清初已不复存在。商业化运作的建本日渐水平低下。

家刻早已有之，而随着明代刻书业的发达，文人高度参与其中，既为藏书又组织刻书，引领了风气。嘉靖时有黄鲁曾和黄省曾兄弟，而明末苏州常熟的大藏书家毛晋的汲古阁本超过了北京国子监，成为很有时代特色的一个晚明印刷现象。毛晋所刻书有很多大部头的，而且印量大，流传广泛而长久。汲古阁本在字体、版式上多有创新。在字体上，刻于天启年间的是用当时流行的长方体字、万历方体字、将万历方体压扁的扁方体（横笔瘦，竖笔极粗）、仿欧体（不像南宋浙本、明嘉靖本，瘦长且斜，但数量不多）。版式白口或黑口，书名或在上鱼尾上或在下，左右双边或四周双边。天启时所刻的标“绿君亭”，以后多在版心下方标“汲古阁”，有的在每卷首尾页版心中央标“汲古阁正本”，常附有毛晋的刻书跋。采用线装。但是汲古阁本在校勘上不足，一些书出现了很多错误，有的则校订较严格。

值得注意的是，在这一时期，耶稣会向亚洲的扩展，其影响也留在了印刷史上。瑞士耶稣会士邓玉函除参与了当时的历法改革外，还雕印了介绍西方科学技术的书籍，如《泰西人身说概》《远西奇器图说录最》（图2-7）等。此时期，插图的绘、刻技术大为提高，使得邓玉函书籍中的大量插图能够以比较写意的画面展现出来，画中人物与山石花木较好地融合在一起，表现出浓厚的明代生活气息。

图2-7 《远西奇器图说录最》 明天启七年（1627年）刻本

一、文字

万历时，宋体字进入繁盛时期，字体结构更为成熟稳定，官方和民间都广泛采用这种字体，宋体字成为印刷字体的主流。万历年间分别由北京国子监和南京国子监刻印的《南齐书》（图2-8）和《三国志注》（图

2-9）字体采用的都是宋体字。在宋体范畴内，又有许多新的变化，如万历二十五年（1597年）径山兴圣万寿禅寺刻印的《石门文字禅》（图2-10）的宋体字正文笔画很粗，牌记文字却又细瘦，字形狭长。杭州容与堂刻本《红拂记》（图2-11）大字略粗，小字细瘦，结构匀称。万历二十八年（1600年）吴兴凌氏所刻《楚辞》（图2-12）字形略长，笔画粗细匀称，字间距较宽，有着较好的可读性。

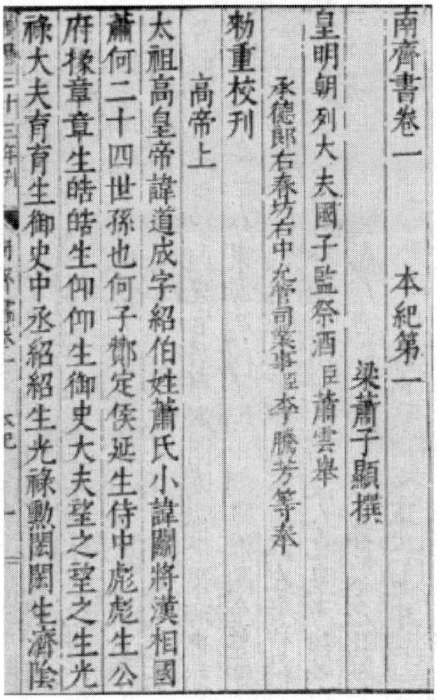
南齊書卷一　本紀第一
梁蕭子顯撰
皇明朝列大夫國子監祭酒臣蕭雲舉
承德郎右春坊右中允管司業事臣李騰芳等奉
敕重校刊
高帝上
太祖高皇帝諱道成字紹伯姓蕭氏小諱鬬將漢相國
蕭何二十四世孫也何子酇定侯延生侍中彪彪生公
府掾章章生皓皓生仰仰生御史大夫望之望之生光
祿大夫育育生御史中丞紹紹生光祿勳閎閎生濟陰

图2-8 《南齐书》北京国子监刻本

魏書一
武帝紀第一
太祖武皇帝沛國譙人也姓曹諱操字孟德漢相國參之後
桓帝世曹騰為中常侍大長秋封費亭侯
養子嵩嗣官至
太尉莫能審其生出本末

图2-9 《三国志注》南京国子监刻本

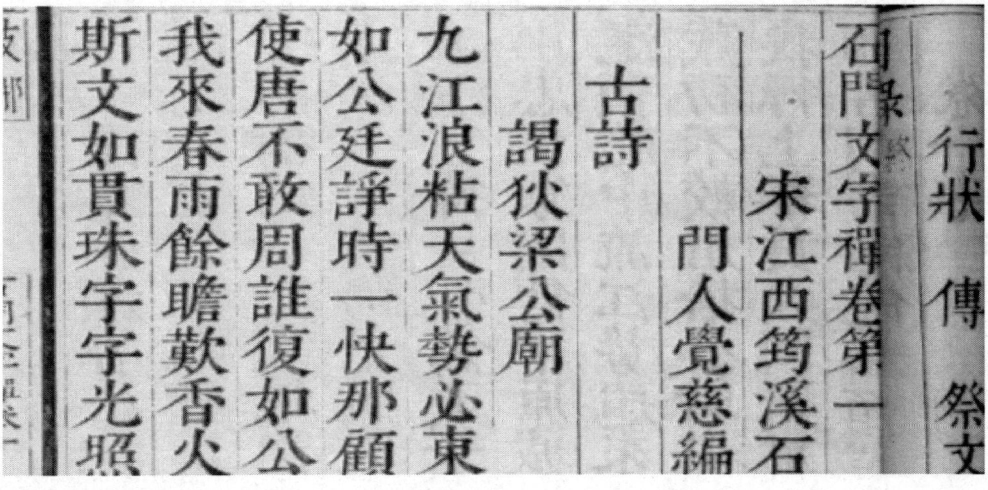
行狀　傳　祭文
石門文字禪卷第一
宋江西筠溪石
門人覺慈編
古詩
謁狄梁公廟
九江浪粘天氣勢必東
如公廷諍時一快那顧
使唐不敢周誰復如公
我來春雨餘瞻歎香火
斯文如貫珠字字光照

图2-10 《石门文字禅》万寿禅寺刻本

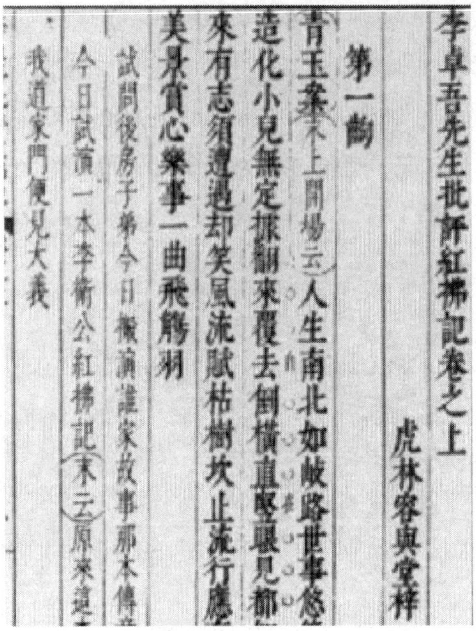
李卓吾先生批評紅拂記卷之上　虎林容與堂梓
第一齣
青玉案（末上開場云）人生南北如岐路世事悠
造化小兒無定據翻來覆去倒橫直豎眼見都
來有志須還遇却笑風流賦枯樹坎止流行應
美景賞心樂事一曲飛觴羽
試問後房子弟今日搬演誰家故事那本傳奇
今日試演一本李衛公紅拂記（末云）原來這
我道家門便見大義

图2-11 《红拂记》杭州容与堂刻本

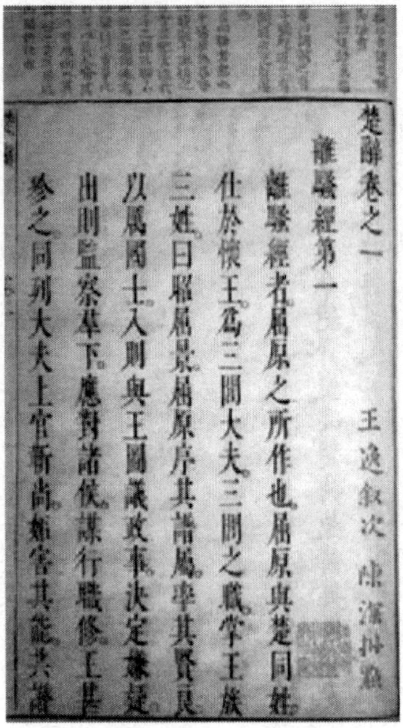
楚辭卷之一
離騷經第一　王逸叙次　凌濛初評
離騷經者屈原之所作也屈原與楚同姓
仕於懷王爲三閭大夫三閭之職掌王族
三姓曰昭屈景屈原序其譜屬率其賢良
以厲國士入則與王圖議政事決定嫌疑
出則監察羣下應對諸侯謀行職修王甚
珍之同列大夫上官靳尚妬害其能共譖

图2-12 《楚辞》吴兴凌氏刻本

明代到崇祯朝才开始避皇帝名讳，明代避讳始于天启、崇祯，但有这种避讳的刻本存世不多。对此，明人曾说：“不避讳于一帝一年号，为我朝德政。”本来，这些帝号都不避讳，这也体现在明代的印本书中。明末虽然开始出现避讳，但依然不是很多。熹宗朱由校的“由”字缺笔，“校”字改为“较”，思宗朱由检在崇祯本《说颐》中“检”作“简”。顾炎武《日知录》中说：“崇祯三年礼部奉旨颁行天下，避太祖、成祖庙讳，及孝、武、世、穆、神、光、熹七宗庙讳，今上御名亦需回避。”但在现存明本中，只见有避讳光、熹、思三帝的。反而因为许多刻工翻刻宋本，而避了宋帝的讳，以至于有些明人所写的书籍也被刻工避了宋帝的讳。

建本较明中期笔画更生硬粗拙，南京本有的是写刻本，有的是万历方体字。

二、纹饰

版心上方白口单鱼尾，书名在鱼尾之上，鱼尾下只有卷次。这种做法自宋至明前期未曾出现，明中期较少出现，后期则十分普及。版心下方一般白口，少数细黑口，有时在白口处有刻坊名号，多左右双边或四周双边。

建本和南京都多用白口，书名在上鱼尾之上，与万历方体字版式相同，多四周单边。南京坊刻中有的用图案在每半页的四周组成花边，被称作“花栏”。

三、版式

在每卷卷首题撰人的次行加“明□□□校”，虽然此前有，但在此时成为风行的做法。开始把评点刻在书中。牌记这时候绝迹，取而代之的是“内封面”，相当于现代的书名页和扉页。这种封面一般分三栏，居中以大字刻书名，右栏顶格刻“□□□撰”或“□□□鉴定”，左栏下方刻“□□堂藏板”等，有的在内封面上刻该书的宣传文字。

由于小说、戏曲的故事性特征，常用“两截版”或“三截版”，上部刻评语。建本在上半部刻插图，有“全像”“出像”“出相”“图像”的称法。南京本一般图像占半页。

建本、南京本每卷卷首常刻“书林□□□重梓”“金陵□□□梓行”等标记书坊或店主名。仍有牌记，也有内封面，天启、崇祯朝依然不避讳。

四、装帧设计

从万历时期起，书籍普遍采用线装方式，线装从此成为占据统治地位的装订形式。线装所采用的订线有棉线和丝线，订孔四眼、六眼不等，也有五眼、七眼，甚至八眼、十眼。书皮用较厚的纸张，有的几层纸裱在一起，比较考究的则可能会再用各类丝绸。

第五节　类别划分下的书籍设计

一、官刻

明代具有“监书、内酒、端砚、蜀锦、定瓷、浙漆、吴纸，皆为天下第一”的说法，其中的“监书”指的就是司礼监经厂所印的官版书。经厂本的版式宽阔，行格宽松，采用大黑口、相向双鱼尾、大黑双边、正文小注、大圈断句，字为铜钱大的赵体，纸色玉白，绫绢包背，有“广运之宝”的大朱印。

二、藩刻

藩府刻书在洪武封王后就出现了，一直到明末，但嘉靖、万历是藩刻最兴盛的时期。藩府刻本的选择与藩王本人的喜好直接相关，所以题材丰富、品种繁多，除经史子集、小说外，刻本内容还涉及当朝律典、医学、养生、音乐、游戏、地理、花卉、人物、女子闺课等（图2-13）。

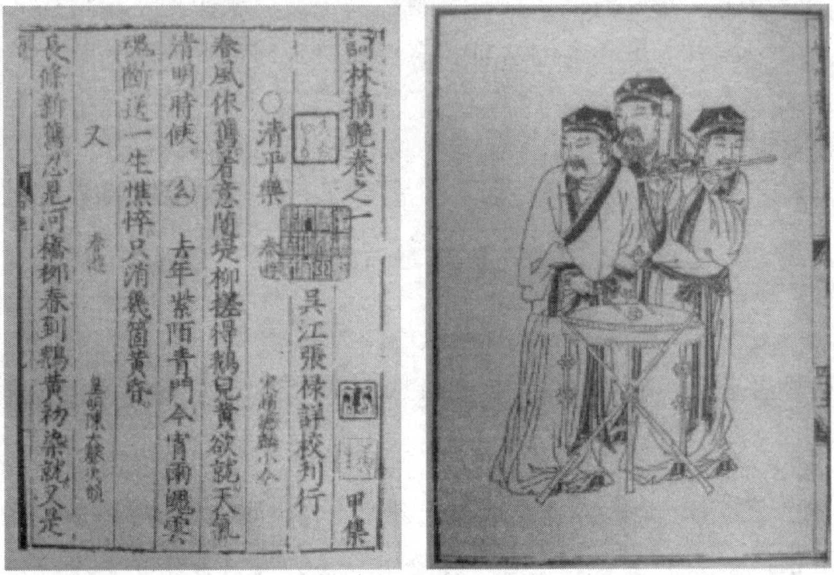

图2-13　明代藩府刻本图书

藩府的丰富藏书体现着藩王本人的喜好，所以才会乐于收书、藏书和刻书。刻书最早的有周、蜀、庆、宁、楚等府，有的刻书先后有数十年，如周、蜀、宁三藩陆续有两百年。刻书最多的是南昌的宁藩。《藩献记》中称献王朱权“凡群书有系风教及博物修辞，人所未见者，莫不刊布国中”。清初的朱彝尊说：“读书无不窥，凡群书有秘本，莫不刊布。”在《宁藩书目》中著录的编纂和刊刻的书多达137种。各藩国刊刻了很多书，有的书，各藩国互相翻刻。除藩王本人外，王妃也翻刻宗教书籍。

藩刻书在序跋的牌记或上下版心中喜欢刻上堂、轩、书院等雅号，而不是本藩的藩名。如晋藩宝贤堂又称志道堂、敕赐养德书院。

由于藩王拥有雄厚财力，能够聚集高水平的编、写、校、刻人才，藩刻通常采用比较好的制版、印刷材料，所以藩刻的特征在精。而坊刻和家刻则凭借在逐利性和艺术性上的优势引领印刷设计发展方向。

藩府出版的古书有御赐宋元刻本做底本，再经名士校雠，错误较少，被后人认作明以前的善本。这些翻刻本在流出后有的被书商撕去序跋，冒充宋元刻本。翻刻多采用大字宽本，蓝绫包背装，近似于内府本，远胜于商业性的南京、建阳等地刻本。

三、家刻

明代家刻非常盛行，刻书的主要目的是传世，从而在书史上留名，营利不是首要目的。由于刻书是一个资财耗费颇大的事情，所以在明初期尚没有太多家刻书，明中期以后，随着社会财富的聚集、社会整体文化素质提升，所以家刻逐渐兴盛起来，在社会上形成家刻的风气。学者、世家、藏书家都是因为读书而拥有了财富和社会地位，所以他们对于刻书的特殊感情与其他群体不一样，这是家刻能够在社会上卓有特色的核心原因。

江苏常熟的毛晋（1599—1659），字子晋，原名凤苞，号潜在，他的室名有汲古阁、绿君亭、世美堂、读礼斋、续古草庐等。毛晋的汲古阁集抄书、刻书、售书于一体，兼具家刻与坊刻的特点，从出资招募相关人才，到组稿、校勘、编审、书写、镌刻、印刷、装帧，各个环节工序有着明确的分工，所用的纸是江西的厚毛边纸和薄毛太纸，用墨多为优质墨，因此质量精良。

安徽歙县的吴养春，以泊如斋为刻书堂号，发挥本地在刻印上的人才优势，1602—1607年间首次采用套版双印法印制了徽州最早的套印本《闺范》（图2-14）；万历十六年（1588年）刊刻了宋代的《博古图》，由丁云鹏、吴左干绘图，定名为《泊如斋重修宣和博古图》，共30卷。泊如斋还以类书的形式出版了连续性出版物《朱翼》，每月一期，一年12册，用以刊载西方思想和知识。

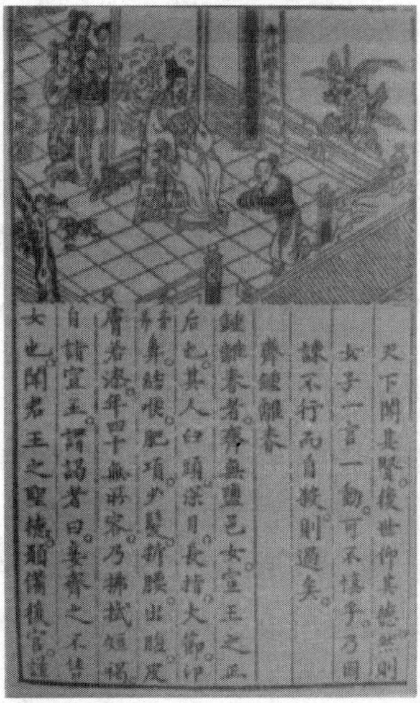

图2-14 《闺范》泊如斋刻本

四、坊刻

明初书坊主要集中在建阳、金陵、杭州、北京等地区，嘉靖后，湖州、歙州刻书发展迅速，万历崇祯时刻工向南京、苏州一带移居，由此，这一区域的南京、苏州、常熟等地的书坊兴盛起来。

建阳书坊在明代有堂号可查的书坊有100多家，印制了大量为社会所需的通俗读物（图2-15），可以说走的是平民路线，所以建阳书坊的特点都与这种浓重的平民商业特征有关。建阳书坊刻印的启蒙读物如《天下难字》《初学绳尺》《诗对押韵》等，科举应试书如《献廷策表》《答策秘诀》等；家庭用书如《事林广记》《居家必用》《祥刑要览》《详明算法》《便民图纂》《田家历》等；小说、故事类如《皇明英烈传》《西汉志传》《新增补相剪灯新话大全》《水浒注评传》；医学类有《名方类证医书大全》《内经素问》《外科备要》《小儿方诀》等。这些图书通过水陆交通行销全国各地，甚至远销到日本、朝鲜等国。

为提高销量，建阳书坊积极采用各类能够促进销售的设计（如插图受到读者喜爱）。建阳书坊的插图质量虽不如其他坊刻中心，更不如徽州坊刻，但胜在数量庞大，所以也自有其优势。

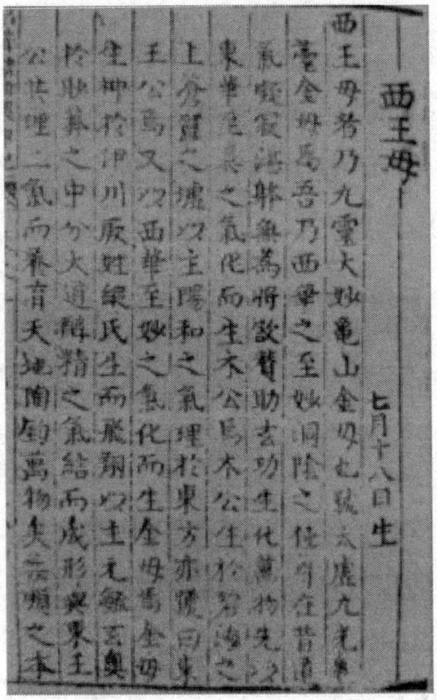
西王母

西王母者乃九靈大妙龜山金母也號太虛九光龜臺金母爲吾乃西華之至妙洞陰之極在昔道氣凝寂湛體無爲將欲贊助玄功生化萬物先以東華至真之氣化而生木公焉木公生於碧海之上蒼靈之墟以主陽和之氣理於東方亦號曰東王公焉又以西華至妙之氣化而生金母焉金母生神州伊川厥姓緱氏生而飛翔以主元氣於神州之中分大道醇精之氣結而成形與東王公共理二氣而養育天地陶鈞萬物矣

七月十八日生

图2-15 《新刻出像增补搜神记》明金陵三山唐对溪福春堂刻

南京书坊在宋元时期就比较发达，入明后，不管是在定都后还是作为南直隶，此地的印刷业都非常兴盛。万历至崇祯年间，南京坊刻盛行，湖州、歙县的刻工来到这里，促进了该地的发展。南京书坊刻书多为民间所需的各种评话、小说、故事、戏曲、传奇等通俗读物（图2-16），还有医书、经书、文集、尺牍、琴谱、绘画等。《本草纲目》就是在李时珍死后三年由南京藏书家胡承龙刻印，于万历二十四年（1596年）刊行，世称“金陵版”，全书共52卷，190万字，附图1100多幅，后又有江西刻本、湖北刻本、武林刻本。

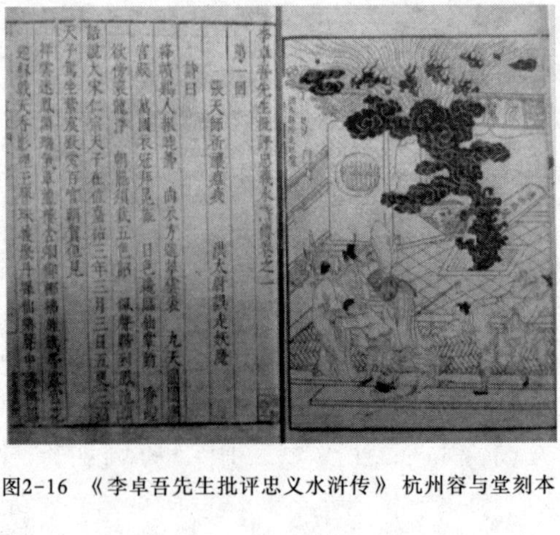

图2-16 《李卓吾先生批评忠义水浒传》杭州容与堂刻本

杭州书坊中比较有名的有杨家经坊、平山堂、容与堂、杨春堂、文会堂、卧龙山房等25家。杭州书坊中刻书最多的是胡文焕的文会堂。胡文焕博学多才，精通诗文、医学，不少书是他自编、自著、自刻的，尤其在医学和图画书籍方面很有特色，他的刻印活动主要是在南京和杭州，是杭州非常有名的藏书家和刻书家。

苏州书坊的刻书以小说和民间读物为主。由于小说、戏曲类书籍的需求量极大，各地书坊竞相刻印，常有几家书坊同刻一种书的现象。其他如历代名人诗文集、经史、医学等类书籍，也占有一定比重。

北京书坊在正阳门、宣武门的琉璃厂一带，书铺林立。宣武门铁匠胡同叶氏书铺在万历年间刻行《新刊真楷大字全号缙绅便览》，蓝印本，半页十行，版式宽大，卷末刻“北京宣武门里铁匠胡同叶铺刊行麒麟为记”题字，同年另刊《南北直隶十三省府州县正佐首领全号宦林便览》（图2-17）两卷。这两套书的出版有着强烈的北京政治特色。金台岳家书坊曾刻印过大字魁本《奇妙全相注释西厢记》（图2-18）。隆福寺、白塔寺、护国寺有不少书摊，书籍销售繁荣，但多是从江浙地区贩运而来的。利玛窦到北京后，在宣武门内创建南堂，万历年间刻印了与徐光启合译的《几何原本》，还编汇了中文版世界地图在广东、南京、北京等地刻印。

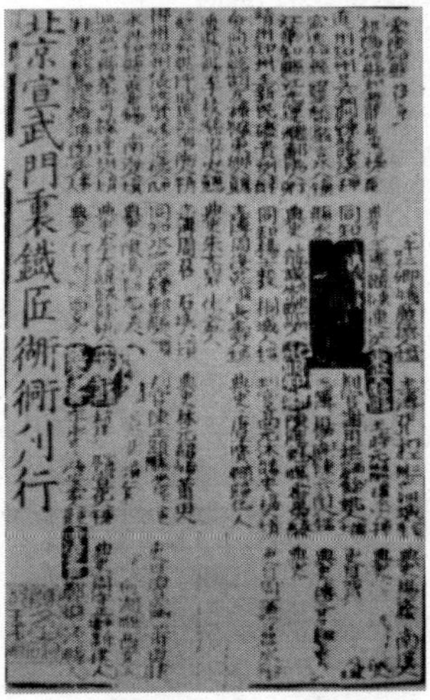

图2-17 《南北直隶十三省府州县正佐首领全号宦林便览》

图2-18 《奇妙全相注释西厢记》

徽州书坊刻书最多的是歙县吴勉学的师古斋，以刻印医书闻名。他所刻印的《古今医统正脉》有44种，204卷，是我国最早刻印的医学丛书之一。万历年间，新安吴继仕的熙春堂仿刻宋本《六经图》（图2-19）和新安汪光华的玩虎轩刻《琵琶记》（图2-20）充分发挥徽派刻工的精湛技法，实现了较好的艺术效果。前者在版式上非常简练，文图结合良好，尤其值得注意的是两图的题字背景利用和发挥了印版在印刷时所形成的肌理效果，墨底白字相互映衬，这种艺术效果在其他书籍中较为少见。后者的画面在人物、景色搭配上表现出很好的画面意境，文字由粗细两种宋体构成，粗体明朗，细体娟秀，本身也是很好的对比搭配。

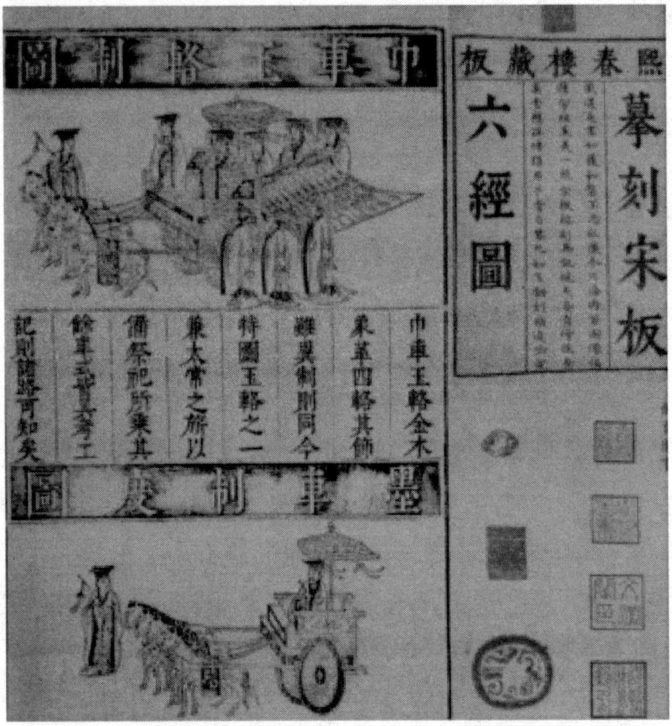

图2-19 《六经图》万历熙春堂刻本

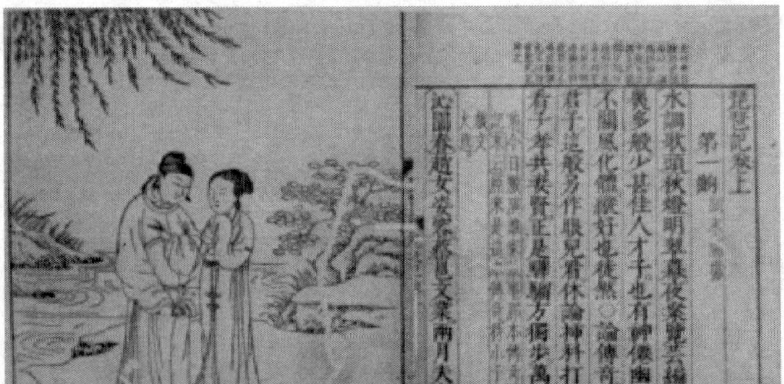

图2-20 《琵琶记》万历玩虎轩刻本

第六节　书籍设计的文化解读

书籍设计是一种文化行为，它体现特定的文化特质，是文化在印刷领域的表现，所以透过书籍设计可以考察与之相关的文化。在相同文化背景下，无论是物质的还是非物质的创造行为，它们都是这种文化的表征。文化有着丰富的内涵，即使是同一对象，如果视角不同，所得出的解读也会不同。对于书籍中的文化，直观的考察内容是其中含有的文化符号，如图案、图画、表现方式、构成范式等，这是特定文化最为直接的视觉展现；进而可以考察这些文化符号背后隐藏的文化心理和文化指导规则；然后，从文化研究的类别出发，如传播学、社会文化、视觉文化等研究方法，从整体上对书籍印刷设计予以解读。这种研究方法为书籍设计的解读赋予了新视野。

一、书籍的装饰

装饰是书籍所不可或缺的，图案、文字、颜色都是装饰的一种。客观来说，版式是页面的构成，它们本身是一种书籍元素，也形成一种装饰。

牌记中使用各种图案与其他品类中的图案相同，体现了文化在实际应用时的共通性。一种文化形式在发展成熟之后便会被广泛应用于其他领域（例如云肩本为服饰构成之一，但后来应用于陶瓷上而成为一种常见的瓷器装饰图案），扩充了该文化形式的适用范围，也起到“标记”的作用，即具备这一类文化形式的便属于同一个文化分类。譬如，刀和服饰本是两种完全不同的物品，但如果二者使用了相同的图案做装饰，那么就可以将二者划分为相同的文化类属。以《太古正音琴谱》为例，该书封面（图2-21）上的缠枝花图案在服饰中最为常见，花、叶、枝的构成方法在陶瓷上早已发展成熟。这种构成方法不拘于二方连续或四方连续的构成规则，能够非常有效地实现装饰目的。书名两侧排列八种乐器图案诚然有着按照

图2-21　《太古正音琴谱》封面　明张石衮万历三十九年（1611年）家刻本

图书幅面进行页面设计的考虑，但选择“八”这个双数则与中国传统的吉祥文化直接相关。图案成对出现，而不是错落对应，这也是传统文化中的一种图像表现规则。以上分析是对封面的视觉解读，但实际上在创作这个封面时，创作者可能更加关注书名的题写笔体，对这些装饰性图案并未给予过多考虑，比如“太古正音”四个字采用竖向书写而不是现代的横向书写，这完全是一种文化规范下的自然行为，无须太多主观上的思考。这种自然而然的行为对于现代文化研究而言同样具有重要意义，因为它体现了一种文化自觉，反映视觉层面背后的文化规律。

印刷自宋代开始兴盛，而元代至明代则处于印刷技术发展的上升时期，印刷文化表现形式不断创新，元明时期是塑造中国传统印刷范式的时期。

元代建阳书坊首次出现了带图的书名页，明代中期以前仿效这种做法的尚不多。正德六年（1511年），建阳的杨氏清江书堂本《新增补相剪灯新话大全》上图下文，封面图画下有“重增附录剪灯新话”两行大字。安正堂也是建阳老铺，万历三十五年（1607年）刻本《学海群玉》封面的上部是渔、樵、耕、读四人形象。郑之珍所刊的《目莲戏文》书名页中央是一幅赤脚仙人站在水面上戴笠吹箫的画面，旁注“新编目莲救母劝善戏文，万历壬年孟秋吉旦绣梓”，上书“高石山房”。中、下两卷书名页绘一官、一童和一只梅花鹿，刻工为歙县黄铤。这种书名页带图的，除建阳、徽州外，他处少见。

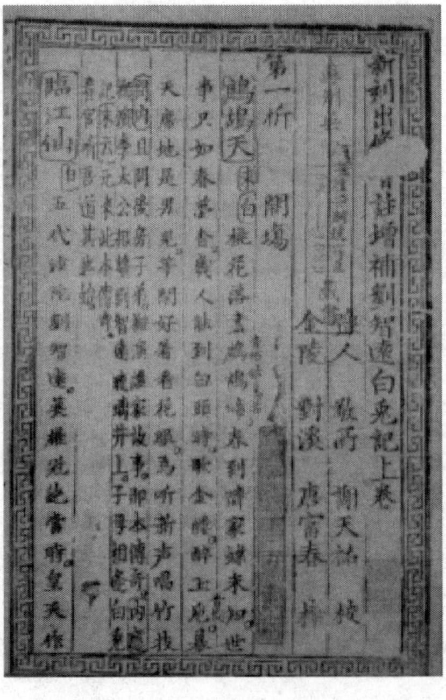

图2-22 “花栏” 万历金陵富春堂刊

普通花栏多为四周单边，或者四周双边，或左右双边，格式比较单调。南京书坊创造出一种带图案花边的书名页，唐氏富春堂把这种做法推广到每一页正文的四边，在书名上为这一特色特意标注为“花栏”（图2-22），以此作为书坊的创新。新安吴勉学的《徽郡注释对类大全》的封面也是这样。但在建本中，这种做法较为少见。

一般来说，书籍是一本一书，但是明末时还出现了将不同作者、不同内容的两部书合刻在一起的做法。这类似于三截版图书的做法，只是三截版是将文、图、评并列，而这种则是将两本书合版。崇祯年间雄飞馆的

《精镌合刻三国水浒全传》，封面题《英雄谱》，书页上半部分是《水浒传》，下半部分是《三国》。句子旁加朱墨的圈点和评语。

宋本中有袖珍小本，也有大本，明经厂本多为大本。明写本《永乐大典》以宽大著名，高51厘米，宽31厘米。嘉靖年间的《太和先生图像赞》高77.5厘米，宽55.5厘米。虽然如此，一般的刻本显然要比现代印刷本的尺寸大，但字数却少，这与手工刻版、印刷时人手的功能尺寸直接相关，可以说是自然而然地符合了人体工程学。

页码标注一般采用汉字数字，但个别明本采用其他方式，如嘉靖年间的《词林摘艳》采用干支标示，秦府翻刻宋本《史记》采用千字文计数，《征播奏捷通俗演义》中采用六艺、八音等字。

宋本为便于折叠装背，已经开始用鱼尾这种形式，明书中有无鱼尾的，也有多个鱼尾的。崇祯年间金忠纂、车应魁刻的《瑞世良英》版心中有六个鱼尾两两相对，第一对内写书名“瑞世良英”，第二对内写卷册数，最下写页码和刻工。这种鱼尾就不在只是为了便于折叠，还是在意识到鱼尾的装饰作用基础上将鱼尾用作装饰构成。

有些出版者为了自我宣传，把自己的肖像刻在书上。最早这样做的是明弘治年间建本《周易传义大全》，刻有余氏双桂堂主人像。万历年间，建阳的余象斗及其双峰堂颇为著名。余象斗自称三台山人，在《海篇正宗》一书的卷首有《三台山人余仰止影图》，图中余象斗坐在三台馆中，旁边有婢女捧砚，童子烹茶。在双峰堂刊行的《词林证宗》中也有与此相类似的图像。南京的书坊也有把出版者肖像刻成印章，印在广告背面的。汪瑗的《楚辞集解》中有唐少村头戴草笠、手执书册的半身小像，上栏书“先知我名，现见我影，委办诸书，专选善本”四行小字。

明代还有采用靛蓝印书的（即白棉纸加蓝印），嘉靖、万历年间最为兴盛。成化年间的《灵棋经》、弘治年间的《安老怀幼书》都是蓝印。明胡应麟说：“凡印有朱者，有墨者，有靛者，有双印者，有单印者，双印与朱必贵重用之。”后来朱印和蓝印多用作初印本，便于用墨笔校正，这与现代以红色作为校正不同。

印刷技术是印刷物实现的手段，但印刷技术以何种方式呈现出来就是一种文化了。套色印刷本是一种多色印刷技术，但套色印刷在历史上应用最多的不是用作彩图印制，而是将套色的颜色不同与视觉区分相联系，从而与点评、校点这种非常传统的古代书籍文化行为结合在一起。个人肖像的作用不过是一种视觉标识，但其画面却是当时常见的文人家居场景。可以说，这些琐碎的细节都是传统文化的构成在印刷领域里的完整体现。

装饰图案的防伪方式与传统文化结合在一起。自古至今，各类造假行为遍见于各种场所，“签字”“画押”就是以手写方式防伪，自纸币被发明以来，如何编制一套独家密码就是商家的重要之事。纸币印刷出现后，仿与被仿也成为纸币印刷中的常事。一直到现代，图案依然在纸币上发挥着装饰和防伪的两个重要功能，这是图案使用的重要现实功能。

二、印刷设计中的“区隔”

在文字表达中，文字显然是第一位的，但在中国传统社会里，将文字进行区分后的表达更富有意味，这种方式起到句读的区分作用，也有其他社会意义的目的。在布尔迪厄看来，个人的爱好、品位、情趣等代表着一定的社会阶层，从而实现阶层区隔。而在中国传统的书籍中，多样化的视觉“区隔”背后，正是以字体、字号、符号等原本是阅读符号的形式在书籍中实现社会性的划分、区隔。为实现一般阅读的文字、语句、段落划分的目的，在西方及现代文字表达中，标号、点号和各类符号被充分利用，成为文字表达中不可或缺的有机构成。点号指对文句进行划分的符号，包括逗号、句号、顿号、冒号、分号等；标号包括引号、括号、省略号、书名号、破折号等；符号包括注释号、斜线、箭头等。中国古代使用的标点符号较少，但依然发展出多样的形式，充分地实现了社会的“区隔”。

中国古代文献中鲜见标点符号。如果追溯中国古代所出现的各类句读符号，那么在先秦时期就出现了表示文章结束的符号“L”，在甲骨文、青铜铭文中也能发现此类符号。在秦以后的诸多文献中，出现了各类符号，其中被广为应用的是“、”“。”和着重号。汉代许慎在《说文解字》中就收录了“、”号，并对它的作用描述为“有所绝止，而识之也”。在西方，标点的出现也颇费周折，到17世纪时才发展至稳定。清末，随着中西方文化的频繁交流，西方体系化标号的优势被中国人发现和记录，但中国将其系统化引进则是在“新文化运动”之后。1919年，胡适、钱玄同、周作人、马裕藻等人有感于汉语言表达在断句等方面的不足，向政府提出了颁行标点符号的提案。1920年2月2日，北洋政府教育部发布第53号训令——《通令采用新式标点符号文》，从此，我国的第一套法定新式标点符号诞生。在此之前，胡适、钱玄同、周作人、马裕藻等人已经与出版行业合作推出了采用新标点符号的出版物。

中国古代对于区隔的要求并不比现代少，而且阶级社会，对于区隔的要求更多、更复杂，这都需要在标点符号之外通过各种方式来实现。

（一）版式

自上而下的文字排列方式是中国传统文字书写方式，这是传统版面的基本构成式样，一切版式都在此基础上布置。版式是从整体角度对一页书籍版面构成的描述，包括纸面大小、题名、作者、标题和空格等要素。从一定意义上说，空格是版面构成的主要视觉因素。常规版面以栏线划分页面，那么跨栏版面构成相对于常规版面就是一种“异类”了。跨栏版面构成常见于篇首或篇尾。

标明卷册名的文字单独成列，顶格书写。题目、标题要求言简意赅，位于页面的右上方，顶格，所占用的行格一般都不超过一行，下方留空。有的会在下方书写编、著、校等信息，但上下文字间会留出空白以示区分（图2-23）。就像君臣关系一样，必须明确区分出来。值得注意的是，如果涉及更高级的关系，例如某君王等，则他的称号不管是在哪一行，都要顶格，其他文字都要在上方留出空格以示区分（图2-24）。空一个字被称作“单抬”，空两个字则是“双抬”。整个版面的文字都要在这几个字的下方，区分非常鲜明。尽管对于传统雕版而言，留出空白意味着版材耗费增加、页面浪费，虽然唐朝的统治与明朝皇帝无关，但书籍版式仍必须服从于政治要求，遵循旧制。

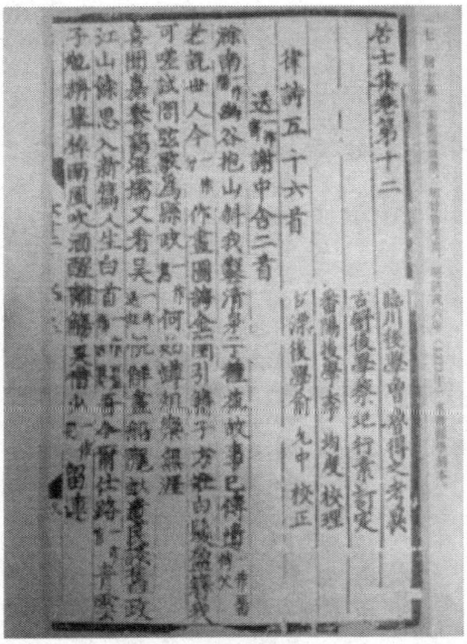

图2-23 永丰县学刻本

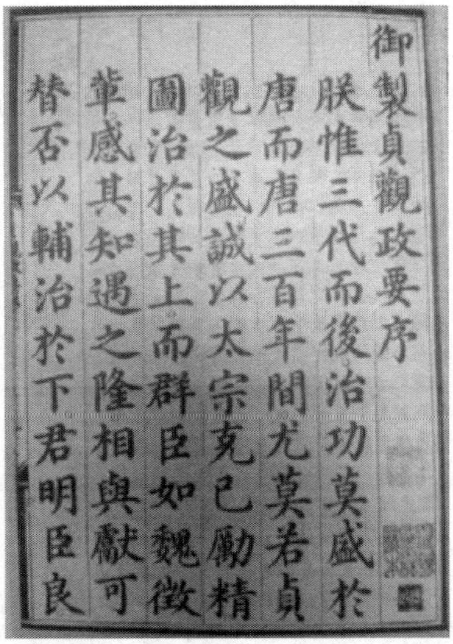

御製貞觀政要序
朕惟三代而後治功莫盛於
唐而唐三百年間尤莫若貞
觀之盛誠以太宗克己勵精
圖治於其上而群臣如魏徵
輩感其知遇之隆相與獻可
替否以輔治於下君明臣良

图2-24 《贞观政要》内府刻本

传统雕版的版式可以说是社会政治观念的视觉化。这种区隔在视觉上做到了清晰的层次划分，一定程度上克服了缺少标点符号所带来视觉模糊。

在正文中需要句读的辅助削弱视觉模糊。这种视觉化的处理方式很好地实现了层次划分，正文内部也是如此。如果是无区别的文字，依靠句读实现断句(图2-25)，甚至可能无句读，而完全依靠句子意思由读者自行断句（图2-26）。

图2-25　有句读的版面

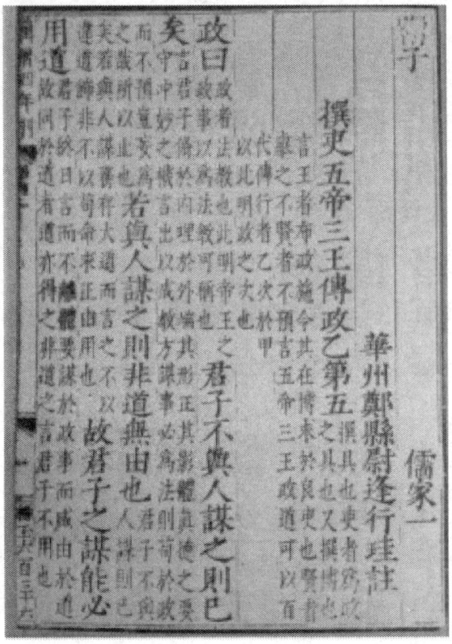

图2-26　无句读的版面

篇名、作者信息除列于第一行的下部之外，也有列于第二行的，但第二行首个文字不顶格，至少要留出一个字的空白（图2-27），或在第二行的最下部。

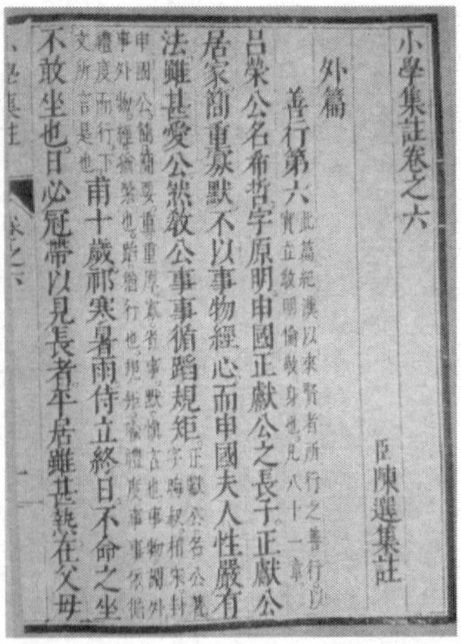

图2-27　《小学集注》内府刻本

（二）字体

字体包括文字的字体和大小两个方面。在同一册书籍里，文字书写多为一人负责，所以较少出现字体差别较大的现象。文字的大小是最容易实现，也最容易操作的一种区隔方式。雕版需要人以手工的方式在木板上雕刻，有三个因素影响最终的雕刻效果：其一，人的因素，要求刻字在正常状态下长时间保持一定速度，但不能超出人的工作限度；其二，手工操作意味着雕刻文字受到人手构造尺寸和功能尺寸的限制，字可以大但不能太小；其三，雕版的木材需要选择质地致密的材料，过软则雕刻后易膨胀变形，过硬则费时费力。因此，与现代印刷品相比，传统雕版的文字要大得多，页面字数相对少，页面幅面也相对大得多。

（三）避讳

避讳是出于政治原因对文字、页面进行的处理方式，体现出“礼”在中国古代的重要地位。明代的避讳表现在印刷品上的并不多。顾炎武在《日知录》中说：“崇祯三年礼部奉旨颁行天下，避太祖、成祖庙讳，及孝、武、世、穆、神、光、熹七宗庙讳，今上御名亦需回避。”但实际上，从现存明本来看，只见有避讳光、熹、思三帝的。沈德符在《万历野获编》中说及明朝避讳时说道：“唯本朝则此禁稍宽，然有极异者，如懿文太子既有谥号矣，何以少帝仍名允炆？盖当时已改尊称为兴宗康皇帝，犹为有说；而建文年号音同御名，举朝称之凡四年，何以不少讳也？至建文二子，长名文奎，次名文圭，其音又与炆字无少异，又何也？岂拘于太祖所定帝系相传之二十字耶？似亦宜变而通之。当时方、黄诸大儒在事，纷纷偃武修文，何以不议及此！”由于明朝皇帝对避讳并不过于看重，所以对印刷品中避讳的要求也就很宽松。官刻之外的藩刻、坊刻、家刻等各类私刻，尤其是不为牟利的家刻，由于对自己家人的姓名、人品更为熟悉，反而更为严格地遵守着避讳。作为传统社会的统治思想，儒家的“修身、齐家、治国、平天下”的思想有着由己及人逻辑，这种逻辑与儒家的君臣、阶级国家政治构成逻辑是相同的。受儒家文化熏陶而成长起来的文人也自然而然地遵循这种文化。家刻除部分能够牟利外，多是耗费资财刻印图书赠送给亲朋故旧的纯粹私人行为，其主人更为严格地遵守着传统的区隔、层级文化，自觉维护儒家文化。

在中国古代，一向有“敬惜字纸”的传统，印刷的对象是“字纸”的承载体，所以说，印刷是一项严肃的工作。虽然，从明代印刷构成来说，随着商业性印刷的发展，坊刻表现非常丰富多彩，在印刷领域里，官方的指导、督察并不少见。但对于印刷而言，首先要保证合乎一般的社会文化要求，任何的商业创新都是在这个基础上的创新，所以相较于清代中西杂糅的印刷艺术，明代印刷文化的纯粹性体现的是中国传统文化的特征。

第三章

书籍插图艺术

图文对照，二者相辅相成一直是中国书籍的传统，“左图右书”“左图右史”一直是人们所熟悉的形式。在雕版印刷的早期，佛教为扩大影响，就已经采用雕版将佛像大量印制在纸面上。但一直到宋、元、明前期，插图虽然常见，质量却不高。晚明时期，插图本大盛。插图本也有官刻、坊刻和家刻，官刻是为了传道教化，维护统治秩序；坊刻是为了营利；家刻则是为了学术名声和个人声誉。由于目的不同，官刻、坊刻和家刻插图本的表现也就不一样，使之繁荣的社会背景也不相同。

第一节　明代插图概况

明代初期，最先繁荣起来的是受政府支持的各类殿版插图。洪武至宣德四朝是佛教木刻图像数量最多的时期。洪武二十四年（1391年）刊刻的《七佛所说神咒经》，布局饱满，绘刻绵密，画幅颇大。永乐年间，宫廷图像印刷形成以宗教画为主流的高峰期，北方的佛教木刻画得以繁荣，无论是数量还是质量，都比洪武年间要好，画面生动，线条流畅。永乐十八年（1420年）刊刻的《天妃经》的卷首画气势宏大，六面连式，歌颂天妃功德，以写实的手法表现航海题材，其中的海船对于考证郑和下西洋宝船的形制有着直接的参考价值。景泰年间翻刻的《释氏源流》是一部大型佛教木刻画，体现出“经厂本”大方、华丽的特色。

对于民间来说，由于在明代初期，印刷受到打压，缺乏为普通百姓所喜闻乐见的文化作品，所以小说、戏曲类书籍中的插图基本处于空白。宣德十年（1435年）的《金童玉女红娇记》由南京济德堂所刻，线条朴拙，画面丰富，保持着永乐时期的繁缛特征，是现今所见到的明代最早的戏曲插图本。

社会需求的扩大是明代插图艺术兴盛的首要原因。随着商品经济的繁荣，印刷成为社会经济中的重要构成，刻书、藏书、购书成为一种社会风尚。新兴的市民阶层希望通过阅读实现消遣、娱乐、养性的目的，轻松、有趣的插图本书籍成为人们的追求。为了在竞争中取胜，印刷行业不断提高印刷质量，不断推出新书，刻印插图本则成为有效的竞争手段。唐、五代时期的佛教印刷品中就配有插图，南宋时形成了图文并茂的通俗读物印刷特色，元代戏曲、小说、历史故事类书籍中也都配有相当数量的插图。明嘉靖时期，随着印刷业的发展，图书消费也获得提升，书坊印刷的通俗小说增多，插图也多起来。《三国演义》《水浒传》《西游记》《金瓶梅》等明代作品，以及明以前的传统作品，如《全汉志传》《南北宋志传》《唐书志传》等出自于下层文人之手的作品，书坊都采用插图表现。自成化以后，北方的戏曲插图逐渐衰落，南方，尤其是建阳的小说、戏曲插图开始发展起来。

明代私人书坊林立，很多书坊聘请技艺精湛的雕版能手，以精美的插图为特色吸引读者，同时也促进了雕刻技术的发展。在这种良性竞争态势下，雕刻技术得以提高，各地还形成了自己的风格流派。南京、建阳地区以古朴豪放著称，徽派以刀法纤细精致、神韵生动为特色。明代插图的雕刻技艺走向成熟，风格工丽多样化，除戏曲、小说类书籍外，严肃的经典著作和科技类图书中也采用了插图。尤其是科技类的农书、医书、兵书等，插图的目的不仅是增加一些图画来吸引读者，而且还以图画的形式更为有效地传播科学知识。这与文艺类图书插图表现的功用不同，是对图像这种表达方式的优势的认可。如李时珍的《本草纲目》中对于草药形象的表现，《武经总要》中对于军事技术和武器的表现，这些图画中所携带的信息很多是文字所难以有效传达的。随着西方传教士进入中国，西方文化的影响也体现在插图表现中。表现西方的鸟铳、佛郎机、船、天平的图画，以及耶稣像、圣母像等都出现在图书插画中。这些插图根据版式的不同各有命名，如“全像”“全相”是每页都有插图，图文关系紧密；“偏像”是偶尔有插图；“绣像”指人物肖像等。随着对图像的注重，插图在版面中所占的位置越来越重要，幅面越来越大。从上图下文、上文下图、文中有图，到单面整幅插图、对页插图、多页插图。插图的外框样式也从一般的方形向扇形等样式扩展。明代后期，在插图的基础上，还出现了以图为主的图册，如各类画谱，这是之前时代所未有的，体现了明代对于图像的认识。

明代中期时，单色图版的雕刻表现技术发展成熟，画面工整秀丽、黑白对比恰到好处，图版幅面除正幅版外，还有双幅对版，甚至是连续几个幅面。明代后期的雕刻侧重于以精取胜，表现细致，画面富有生趣，在人物形象的塑造上非常有特色。《顾氏画谱》《集雅斋画谱》《雪湖梅谱》等画谱的出现是画家与刻工积极合作的结果。嘉靖、隆庆时期，插图有了长足发展，当时的戏曲小说几乎有一半配有插图，万历时期，插图本有了突破性发展。天启、崇祯年间，徽派崛起，将典雅精细的风格与江南艺术气质结合起来，这种特色随着徽派刻工的向外发展而遍及全国各地的出版中心。徽派代表者是黄应麟、汪忠信两人及其家族。明清两代，黄氏一族刻书约200余部，刻书者数百人。万历三十年（1602年）以《古列女传》《人镜阳秋》等为代表，徽派进入黄金时期。徽派雕图风格精细，人物修长、表情生动，布景包括室内和室外，细节刻画精丽，代表作有丁云鹏绘、黄鏻刻《程氏墨苑》（图3-1）、黄一楷刻《浣纱记》、黄一凤刻《牡丹亭》等。因徽派版画在绘画、雕刻、印刷上的特异之处，各地书商均重金聘用徽派画家、刻工，从而将徽派的风格扩展到苏州、宁波、杭州、南京等地。其中歙县虬村的黄氏一族经几代发展，至万历时，发展出一套雕图刀法，秘不示人，其技艺远胜于其他地区刻工。

图3-1《程氏墨苑》 万历三十四年（1606年）刊本

明代插图的优异表现，一方面是技艺精良的刻工提供了技术保证，另一方面是专业画家的参与保证了高水平的画稿。明初，插图的表现沿袭宋元时期的简单朴拙风格，插图的起稿、雕刻都是由刻工完成。书籍中的插图除少数图书画面较多外，大部分数量较少。除宋伯仁的《梅花喜神谱》外，还没有发现纯粹以画家身份参与版画制作的绘图者。[1]因此，“线条粗壮、构图简略”这种非专业画工的作品就成为万历以前的风格。明代中期，随着印刷行业的成熟，著名画家参与到插图绘制中。具体来说，“从作品的水平看，万历后期比万历前期、中期有了一个很大的飞跃，而这种高速发展一直持续到天启、崇祯年间。版画插图史上最终的成就，几乎都是在万历四十年前后到明朝灭亡这30余年时间取得的”。[2]唐寅曾为《西厢记》绘画插图，仇英为《列女传》起稿，陈洪绶画过“博古叶子”“水浒

❶ 翟屯建，《徽派版画的兴起与发展》，刊于《中国典籍与文化》，1999年，第3期。
❷ 董捷，《古本〈西厢记〉版画插图考》，刊于《新美术》，2001年，第3期，第70页。

叶子”以及《离骚》插图。已知的，如郑千里、赵文度、刘叔宪、赵璧、丁云鹏等都曾为书籍画过插图。在此之前，插图几乎都是由画工画稿，虽然也出现了一些水平较高的作品，但与专业画家尤其是名画家参与绘制的画稿不可比拟。从明代中后期开始，画、刻分工，专业化得到重视，插图的风格与画家个人风格密切相关，插图的表现形式走向多样化，在人物形象塑造、画面构图、人与景物的搭配、雕刻表现刀法上，日益丰富，提高和丰富了插图的表现力。

在几个主要印刷中心，也形成了各自的插图表现特征。明代坊刻主要集中在建安、苏州、南京、新安、杭州、北京等地。南京、北京流行的插图内容是戏曲传奇，构图以舞台表演为准，图文布置沿袭宋元时期建安书籍插图的做法，采用上图下文。万历十七年（1589年）以后，插图由半幅改为全页大幅图，多达100～120幅。建阳在明前期、中期时就已大量运用插图，晚明时期更甚，其插图艺术性较强，风格淳厚古朴；徽州插图兴起于万历中叶，典雅细密，雕刻精湛；南京的戏曲、小说插图风格雄健，后来受徽派影响转而秀丽；杭州的插图表现既有典雅一面，又有精巧一面；苏州插图起步较晚，以小说插图为主，版式采用月光式、狭长式，后成为经典样式。

协调画、刻、印的是书商，即负责销售的出版商。方于鲁与程大约为取得竞争优势，曾先后聘请丁云鹏为图书配图画稿，丁云鹏也乐于为润笔而不顾方、程二人的竞争态势分别为二者绘画。

插图在形象塑造、情节表现上具有文字难以比拟的优势，它极大地调动了读者的阅读兴趣。朱一是在崇祯十五年（1642年）清白堂刊刻的《蔬果争奇》的序言中，对于当时人的阅读现象曾描写道：“今之雕印，佳本如云，不胜其观，诚为书斋添香，茶肆添闲。佳人出游，手捧绣像，于舟车中如拱璧；医人有术，索图以示病家。凡此诸百事，正雕工得剞劂之力，万载积德，岂逊于圣贤之传道授经也。”

第一类为经变插图。虽然中国古代民众识字率在世界范围内都是比较高的，但依然有人数相当大的文盲群体。人不识字却看得懂图，所以，佛教为了向数量庞大的文盲群体传教，便积极地将枯燥的思想转化为通俗易懂的佛教故事，并用图画讲故事的方式传布教义。所以，经变插图在佛教用品印制中占据很大的比重。

第二类是科技类插图（图3-2）。因为农、工、医、军事、地理、星象、金石考古等对具体物象的形制要求严格，此类插图的绘制侧重于真实再现客观事物而无须关乎意境，所以对画工和刻工的技法要求不高。但这类插图的意义极其现实，所以这类插图的制作多由官方出面主持的。

图3-2 《天工开物》中的《锤锚图》

第三类是文艺类插图。戏曲、小说中的文艺类插图不同于科技类插图，前者更需要成熟的创作来源。中国的小说自宋代“话本”开始成形，经元入明方才发展成熟，戏曲要更晚一些。显然，它们的出现时间影响着文艺类插图的发展。小说创作成熟，在社会上形成一定的影响，才能培育出较大的读者群。形成读者群之后才能形成市场需求，才有商业利益可言，商人们才会出版通俗书籍，并在商业利益的驱使下聘用优秀的画家为书籍绘制插图。

明代插图是明代生活的记录，有着重要的社会历史价值。在明代，除了方志和地理类书籍插图表现地理状况外，其他一些科技类图书中的插图也有表现山川形胜、花鸟虫鱼、草木花卉、亭台阁墅、杂技烟火、社会风俗的。插图所展现的是作画者熟悉的或当时社会中常见的景象。对于作画者而言，就是把自己熟知的或在生活中常见的事物描绘出来，但对于后世而言，这些插图却是详细的社会生活记录。这些琐碎的社会记录形象地再现了当时的世间百态，许多在当时人看来非常普通常见的事物，实际上是各种社会因素的图示。在一些表现明代以前的作品内容的插图中，虽然表现的前朝往事，但人物、服饰、家居等无不反映出明代的特征。所以明代书籍，插图中所蕴含的信息就成为后世研究者考察明代文化的依据。从人类学角度来讲，文字记录的往往是正统的“大传统”，而图画所表现的则可能是为当时人所不注意的，是一种“小传统”。对于整体的社会构成而言，大传统与小传统共同构成了一个复杂多样的社会整体。现在，随着研究视野的扩展，各类小说、地方方志、志怪评话等曾经在研究者看来不入流的文字记录成为提供新视野的材料，与文字记载相比，插图含有更为丰富、细微的细节信息，有着文字不能取代的价值。

一、南京插图艺术

南京的印刷业在南宋时就已经很发达了。明初，南京成为全国政治、经济、文化中心后，印刷业快速发展，南京成为全国的印刷中心。各地优秀刻工聚集在南京，一些刻工不但有精湛的刻版技艺，也有一定的绘画基础。明初的代表性作品是金陵济德堂刻印的《金童玉女娇红记》，书中有86幅半个版幅大小的插图，是最早采用大量配图的书籍样式。书中插图构图多样，以背景衬托人物，厅堂、游廊、车马、草木等景物再现了当时社会的真实景象，景物作为背景又突出了人物。用于补白的图案纹样的风格与宋元时期出版的经卷中的插图风格相似，体现出从宋元时风格向细密表现的过渡。

图3-3 《古今列女传》 万历金陵富春堂刻本

明代中后期，南京的插图表现已经形成自身风格。南京有名的唐姓书坊（如富春堂、世德堂、广庆堂、文林阁等）刻印了很多配有大量插图的书籍（图3-3~图3-5）。富春堂的主人是唐富春。富春堂所刻书多是传奇和戏曲小说，书籍版式不再采用宋元时期上图下文的版式，插图占半幅或整幅版。画面运用粗豪大笔，有时强调黑白对比，用大片墨地彰显刻线，画面和谐，表现出多样的刀法和画面构成技巧。构图以人物为主，约占画面的2/3。简明的刀法表现人物丰富的面部表情，表达了人物的情感，创作意味明显。唐氏插图受到建阳插图的影响。为了增强书籍的装饰性，富春堂的戏曲类图书插图增加了“花栏”。在版式上，《新镌增补出像评林古今列女传》和《三宝太监西洋记通俗

图3-4 《绣像传奇十种 · 牡丹亭》 万历金陵郁郁堂辑印

演义》采用双面连式，绘制有条理，阴阳配合适当。

图3-5 《隋炀帝艳史》崇祯金陵人瑞堂刻本

南京陈氏继志斋的插图本凭借戏曲插图而崛起，其插图以阳刻为主，绘刻精致，由徽派画家和刻工合作完成，接近于杭州、徽州的风格，代表性作品有《香囊记》和《玉簪记》，构图稳妥、刀锋有力。

南京汪氏环翠堂的插图画版都出自汪耕一人之手，画面富丽，人物修长，眉目清秀；刻版多出自徽派刻工名手黄应组，用刀纤细，较好地再现了原作样貌。印刷时不惜工本，以质量取胜。长卷《环翠堂远景图》《人镜阳秋》《坐隐先生精订捷径棋谱》《环翠堂乐府》都是环翠堂的重要作品。

作为明朝的南都，南京的政治、文化氛围浓厚，大量文人聚居在这里，对印刷业产生影响。这与以商业为中心、缺乏文化气息的建阳不同。由于有文人参与，南京书坊绘制的插图在制作的精致程度上、在文化创造上以及相关印刷技术的提升上，都有着其他地区不能比拟的优势。

二、建阳插图艺术

建安插图是建阳插图之母，以古朴稚拙为特征，多由民间工匠创作，乡土气息浓厚（图3-6）。与建安相邻的建阳在麻沙街和崇化聚集了一百多家书坊，最著名的是余氏、刘氏和熊氏。余氏刻书始自南宋，其中以双峰堂最为出名，万历年间所刻的《新刻按鉴全像批评三国志传》沿袭建安早期刻本上图下文的样式，其中的人物虽小，但是动作多样，姿态逼真。余氏中的余象斗自编了很多历史演义、公案和神魔小说。例如，万历二十六年（1598年）刊印的《皇明诸司廉明奇判公案传》以及后来刊印的《祥刑公案》《海刚峰先生居官公案传》等都出自余象斗之手，这些都是当时比较知名的公案小说。后来公案小说衰落，神魔小说涌现，余象斗又参与编撰了《北方真武玄天上帝出身志传》《五显灵官大帝花光天王传》等小说。这些小说的创作者在创作能力上不能与后世的名家相比，但他们创作的作品能够满足当时部分读者的需求，并且刊印的书中配有插图，所以也有一定的市场。

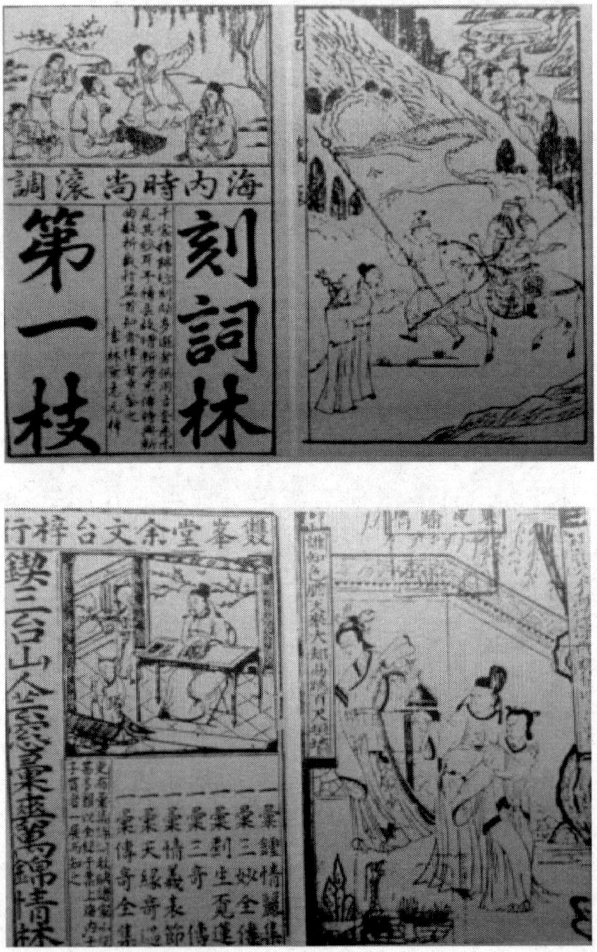

图3-6　万历建安插图

建阳图书往往冠以“全像”“绘像”“绣像”“像”“全相”“出相”“补相”等字样，在很小的画面上描绘出与正文相关的情节，虽然制作粗劣，但图文相配的做法却很好地满足了读者的需求。如三栏式的上栏是评语，中栏是插图，下栏是文字，图旁再加章节的大字标题。建阳插图与徽州精致、用心绘制的插图在艺术性上无法相提并论，但建阳图书把插图放在版面重要位置的做法却深得读者喜爱。插图的艺术表现有高低之分，但与插图的优劣相比，有无插图显然更为重要。建阳插图的线条粗疏，但也有简洁朴实的效果，与以精密细线造型的徽州插图截然不同，却也另有一种味道。

建阳刘氏仅次于余氏。乔山堂是余氏中最知名的书坊，在万历年间发展至顶峰，其主人为刘龙田。万历元年（1573年），刘龙田所刻的《古文大全》采用全幅大图，上面刻有标题，图中人物被放大，肢体动作清晰可见，在建阳插图中罕见。这一做法是对宋元时期上下式构图的革新，开启了建阳插图的新风格。刘龙田的另一部作品《重刻原本题评西厢记》，采用双面连式大图，左右两侧有标语。

熊氏在万历年间有诚德堂、种德堂等名号，早期主人是熊宗立，后来是熊秉宸、熊城建、熊建山。种德堂在万历年间所刻的《登云四书集注》采用全版构图，画法明快，人物造型简洁，线条粗实，有着鲜明的民间风格。

三、苏杭插图艺术

杭州自唐末五代，一直到宋元，都是雕版中心。明中期时，随着徽派版刻的兴起，一批徽州刻工来到杭州，与当地的画家合作，共同创作插图，形成强强联合的态势。在万历时，除项南洲等少数人外，出版物的插图制作几乎都被徽州人包揽。谢茂阳、黄应光、黄一楷、黄一彬都是当时杭州的名刻手。杭州插图被称作“武林派”。杭州坊刻插图的题材包括小说、戏曲插图、画谱、酒牌，其中小说和戏曲的比例最大，成就也最高。自问世以来便为经典。万历三十九年（1611年）所刊的《重刻订正元本画意西厢记》的卷首是单面的莺莺像，书内插图为单张幅面的双连画面，山林树木、水石、人物错落。王以中绘画，黄应光镌刻，根据不同的形象选择不同刀法，有效地表现了画面的特质。

杭州木刻画谱中以《顾氏画谱》（图3-7）和《唐诗画谱》最为有名。《顾氏画谱》又名《历代名工画谱》，刊刻于万历三十一年（1603年），它是将自晋至明的著名画作缩刻成集，刻者名为顾炳。郑振铎曾见过其中几本，现今只有几幅了。《唐诗画谱》由徽州的黄凤池于万历四十八年（1620年）在杭州的书肆集雅斋刊刻，共八册，书中收录当时名家所写的唐诗，还配有插图，形成诗中有画、画中有诗的意境。藏书家胡文焕刊刻的《山海经图》以《山海经》中描写的怪物的画像为主，怪物形象粗犷有气势，配景繁缛而秀丽，与徽派风格相近，但注重景物的气氛和诗意，显出独特的地域风格。

图3-7 《顾氏画谱》 万历杭州双桂堂

苏州虽然也是刻书中心，但该地插图的崛起则相对要晚。刊刻于万历二十四年（1596年）的《百咏图谱》是苏州插图走向辉煌的开端。万历三十年（1602年），徽派刻工黄德崇刻成《仙媛纪事》，其中人物清秀，线条鲜丽。刊刻于万历四十三年（1615年）的《陈眉公先生批评春秋列国志传》是小说插图本中最有名的，配有60幅插图，由苏州刻工刘君裕刻成，线条粗率而有力。此外，还有《杨升庵先生批评隋唐两朝志传》和《列国志传》等，均是苏州插图本中的精品。苏州插图本的数量不如建阳和南京多，但质量较高，并形成苏派木刻插图。

第二节 徽派刻工与插图

徽派刻工以歙县虬村的黄氏最为有名。徽州地少人多，因此手工制作和经商是当地人的首选职业。木雕、石雕、砖雕是当地有名的三雕，雕版刻工就是从这三雕尤其是木雕中发展出来的。徽州有制作墨模的传统，墨模的雕刻与雕版的雕刻其实是相同的，所以在墨模雕刻中发展而成的技艺与雕版印刷相结合，就产生了技术高超的徽派刻工。

南宋时，徽州尚没有雕版行业，当地的刻版需要从外地引入。南宋末年时，徽州雕版的质量仍然粗糙。徽州刻工以歙县、休宁两地，特别是歙县为多。县城内的刻铺比比皆是，刻工来自于周边离城不远的村庄中，虬村最为著名。由于当地宗族观念强烈，同姓结帮，技艺在本姓内传播，从而形成黄姓的声名。徽派刻工世代相承，传男不传女，传婿不传女。黄氏最早的刻版作品是弘治二年（1489年）黄文敬、黄文汉所刻的《雪峰胡先生文集》。万历十年（1582年）刊刻的《目连救母劝善戏文》，刻者为黄铤，作品单面独幅或多幅，样式不一，线条粗率中见纤巧，与建阳和南京的早期作品相似（图3-8）。万历崇祯年间，徽派最为兴盛，形成了精密工巧、纤细秀丽的插图风格。

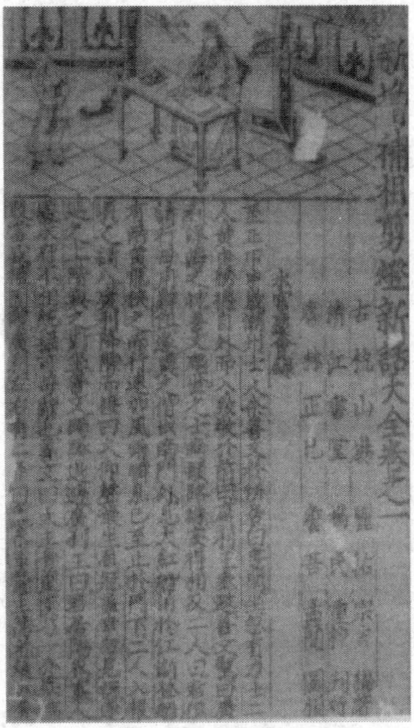

图3-8 《新增补相剪灯新话大全》明代瞿祐撰 建阳清江书堂刻本

图3-9 陈洪绶绘《水浒叶子》

黄氏刻工之间，相互交流频繁，有利于技艺的提高。他们大多具有一定的造型基础，有的人本身就是画家，如黄应澄在绘画和书法上都有成就，他是名刻手黄应瑞、黄德修的堂兄弟，所以黄氏刻版的很多画稿都由黄应澄绘画。除黄氏一族，当时的名家还有画过《墨苑》和《博古图录》的丁云鹏，画过《人镜阳秋》的汪耕，画过《青楼韵语》的郑梦征，画过《西厢五剧》的王文衡，画过《水浒叶子》（图3-9）的陈洪绶。万历二十二年（1594年）刊刻的《养正图解》由丁云鹏绘画，黄鏻镌刻，风格隽雅。二人合作的《程氏墨苑》比《方氏墨谱》规模大，绘制精美，在末卷用中国技法翻刻了《圣母抱耶稣图》等四幅天主教题材作品。这四幅画作的原稿是利玛窦带来的铜版画，用中国木刻翻刻铜版是中西两种版画表现语言与绘画语言的第一次交流，具有重要的历史意义。

黄氏刻工还走出本地，来到印刷发达的南京、杭州、苏州等地发展。由于技艺精湛，徽派刻工被各地书商聘请，他们将徽派风格带至各地。他们按照技艺水平、个人专长等进行人员组合，形成团队，能够应对书商的各种雕刻要求。

徽派插图风格对晚明时期的插图创作影响很大。徽派刻工在画面表现上脱离了对舞台戏剧场面的模仿，注重表现真实的生活环境。从意象到写实（图3-10），体现了徽派刻工的创新和人们审美追求的变迁。晚明时期，社会富足。富足的生活为插图表现提供了丰富的现实依据，由于生活中所见所闻不但丰富而且真实，人们绘制插图便不必借助于舞台场景。当时的社会文化创新为插图创造提供了坚实基础。徽派刻工针对不同的表现对象研制了多种多样的雕刻工具和刀法，并有相应的技法口诀，还形成了从工具使用到雕刻技法和理论学习的刻工培养体系。

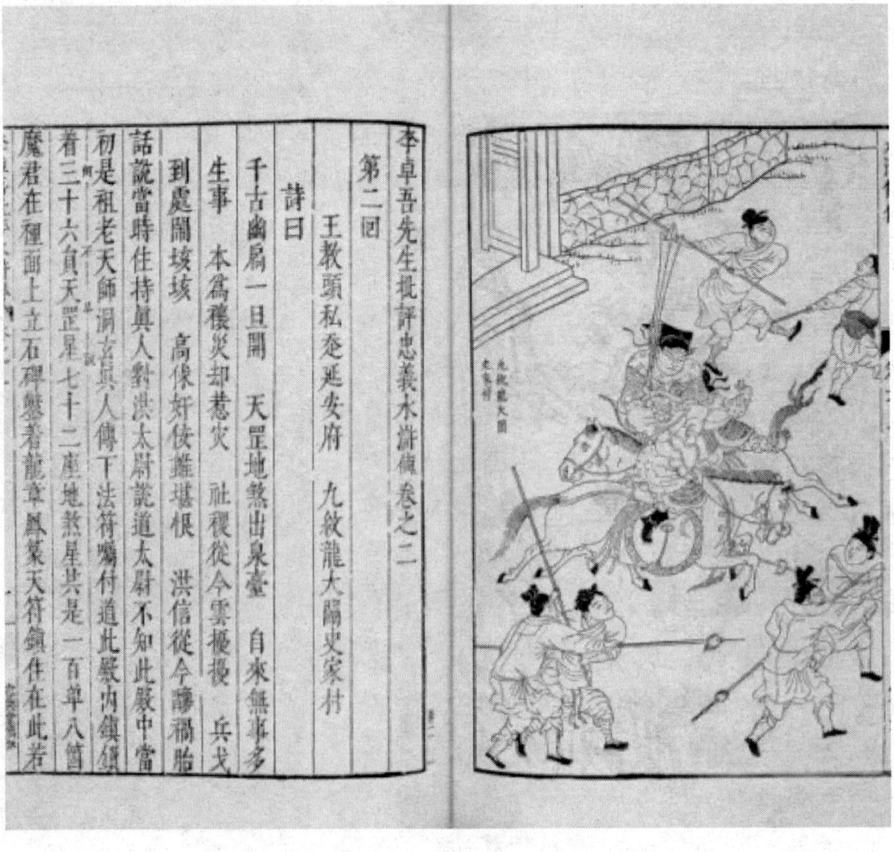
李卓吾先生批評忠義水滸傳卷之二

第二回

王教頭私奔延安府　九紋龍大鬧史家村

詩曰

千古幽扃一旦開　天罡地煞出泉臺　自來無事多生事　本爲禳災却惹灾　社稷從今雲擾擾　兵戈到處閙垓垓　高俅奸佞雖堪恨　洪信從今釀禍胎

話說當時住持真人對洪太尉說道太尉不知此殿中當初是祖老天師洞玄眞人傳下法符囑付道此殿内鎮鎖着三十六員天罡星七十二座地煞星共是一百單八箇魔君在裏面上立石碑鑿着龍章鳳篆天符鎮住在此若

图3-10　徽派《水浒传》插图

汪氏环翠堂雕刻的图版在徽派图版中卓有特色。环翠堂是汪廷讷归隐后在家乡徽州（今安徽休宁）经营的坐隐园的主厅的名字，在南京开设书坊时，环翠堂用作堂名，在此刻印的书籍有《环翠堂集》和《环翠堂乐府》（18种传奇和9种杂剧于一体的合集）等，书中大多附有精美插图。万历年间由钱贡绘图、黄应组雕刻的《环翠堂园景图》（图3-11）中，插图长达14.86米，画中景观50余处、人物300余人。由汪耕绘画、黄应组雕刻的《坐隐先生精订捷径棋谱》（图3-12）一书为方册大版，六连式画面，明暗对比强烈，特征鲜明。

图3-11 《环翠堂园景图》局部

图3-12 汪耕绘《坐隐先生精订捷径棋谱》

第三节　明代插图的装饰与象征

在书页上配图画的书籍称为“插图本”，以图画为主的书籍则称为“画谱”。现存的早期雕版佛经中就已经有配图，由于佛经多是卷轴装或旋风装，插图放在卷首，称作“扉画”。一些儒家典籍中也有插图，通常在书籍的最前部分，绘有数量不等的图画或图表。最常见的是在正文中添加图画。上图下文多见于建阳刊刻的画本和章回小说。现存元代话本中，每一页的上半截为长幅图画，下面为文字。现存的明代初期和中期话本中较少见上图下文版式，明后期开始增多。万历时，建阳书坊大量刊刻章回小说，几乎全部采用上图下文样式。还有一种是半页或两个对面半页合成一幅图画，这种样式多见于南京唐姓世德堂和跌春堂书坊刊印的书籍。自宋代至明代万历时期，插图的线条粗放，但宋元时虽粗尚朴，万历时则普遍水平下降。

明代戏曲和小说插图本的版式一般有以下样式：

（1）上图下文。这是自宋元以来的样式，又有以图为主（画面超过版面1/2，下面配以少量文字）和以文为主（图占很小的版面）两种。

（2）图文对照，在对页版面中，一面文字，一面图画。

（3）画面数页相连，展开后就是一幅画卷。

（4）纯装饰性画面。一面是与书的内容相关的插图，一面是与书的内容无关的装饰性山水花鸟图。

（5）不同形状的画面，如长方形、正方形、圆形。

（6）在图版空白处题写少量文字或诗句。

明代插图表现有两种形式：一种是以粗放线条造型，有的甚至以木版的底纹作为底色，形成黑白对比效果，有着部分现代版画的特色；另一种是以复制为目标，以刻刀模仿毛笔的线条，人物、景物细致入微（图3-13），这一形式在明代中后期尤为多见。为表现丰富的线条和画面，刻工们研制出形态多样的刻刀和多种刻版技法，如双刀平刻、单刀平刻、斜刀、整刀、卧刀、旋刀、卷刀、尖刀、转刀、跪刀等。

图3-13　《牡丹亭还魂记》万历吴兴朱氏玉海堂刻本

对明代插图艺术可以从叙事性、装饰性、审美性三个方面加以评价。

叙事性指的是以形象语言对内容进行表现。叙事性包括形象塑造和意义表达两个方面。图像以其形象化的表现方式从另一个角度进行叙事，更容易吸引人们注意，有助于扩大读者面。佛教徒在传教时注重本教的形象宣传，大量印制佛像，就是借助图像引人注意，以便尽可能多地发展信徒。对于有一定文化水平的人来说，图像的作用也同样重要。今天仍是“读图时代”，因为图像表达内容更直接，有独特的视觉上的优势。插图的形象塑造则满足了读者对于具象形象的需要。从人物塑造的角度来说，戏曲和小说中的人物性格、特征，读者从文字描述中可以获知，这时有一个可视的形象，就进一步加深了读者的印象。从建筑、花木、服饰、环境等视觉因素而言，图像创作者想要表现丰富的画面，他的相关素材储备相对于大部分读者而言要多得多。读者阅读这些图像实际上也就增长了自身的见识。插图是一种再创作，图文对应的排版方式，将抽象与具象结合起来，发挥了图与文的优势，激发了读者的阅读兴趣。

装饰性是指插图成为书籍的一种装饰，提升了书籍的艺术价值。相对于抽象的文字，图像（包括插图、装饰性图案和纹样）是以形象的样态呈现在读者面前，丰富了书籍的构成，并起到装饰作用。有些插图没有直接表达书籍内容，而是以暗喻的方式加以表现，更增添了意境。崇祯四年（1631年）人瑞堂刻本《隋炀帝艳史》在每一卷的开篇设一张叙事性插图，背面是以装饰性图案围起的题字，题字是“选集古人佳句，与事符合者，以为题咏证左”。第十七回为“炀帝观图思旧游”，插图表现的是书中所描写的隋炀帝与萧皇后和宫女观《广陵图》，由此而思念江都秀美山水，背面草书题写李梦阳诗句“海云明灭见扬州，看图仿佛曾游处”，诗句周围的边框中是屏风、扇面、手卷、立轴、纨扇等图案。诗句所描写的意境就像对文中内容所做的评语一样，装饰图案又与故事内容相关联，既表现了看得见的情节，又表现了看不见的意境。在该书的“凡例”中，编者还对这种表达方式进行了详细阐述：“诗句制锦为栏，如薛涛乌丝等式，以见精工郑重之意。锦栏之式，其制皆与绣像关合。如调戏宣华则用藤缠，赐同心则用连环，剪彩则用剪春罗，会花阴则用交枝，自缢则用落花，唱歌则用行云，献开河谋则用狐媚，盗小儿则用人参果，选殿脚女则用蛾眉，斩佞则用三尺，玩月则用蟾蜍，照艳则用疏影，引谏则用葵心，对镜则用菱花，死节则用竹节，宇文谋君则用荆棘，贵儿骂贼则用傲霜枝，弑炀帝则用冰裂，无一不各得其宜。虽云小道，取义实深。”

审美性是指通过非叙事性画面对叙事性画面的亦步亦趋进行间离，削弱叙事所带来的压力，营造轻松的阅读体验，缓和情节所带来的紧张情绪。

这使与叙事不相关的装饰性画面从一种“无用”转化为对阅读过程而言的“有用”，具有了另一种审美价值。而且，随着插图画面表现的精致、印刷水平的提升，这些图画本身就是一种具有独立审美价值的艺术品。

科技插图也是明代插图的重要构成。福建建溪人张石衮自撰自刻了《太古正音琴谱》。徐光启的《农政全书》由他的学生陈子龙在崇祯十三年（1640年）在平露堂刊刻，书中有大量插图。宋应星编纂的《天工开物》总结了明代及以前的生产经验，涉及农业、工业、矿业、制造业，举凡饮食、衣服、染色、制瓷、采矿、冶炼、兵器、舟车、纸墨以及珠玉等的原料出产和制作过程，分别针对性地绘制插图予以说明。古代地图《历代地理指掌图》（图3-14）指示的明确性非文字所能比，显示了插图在视觉上的优势。

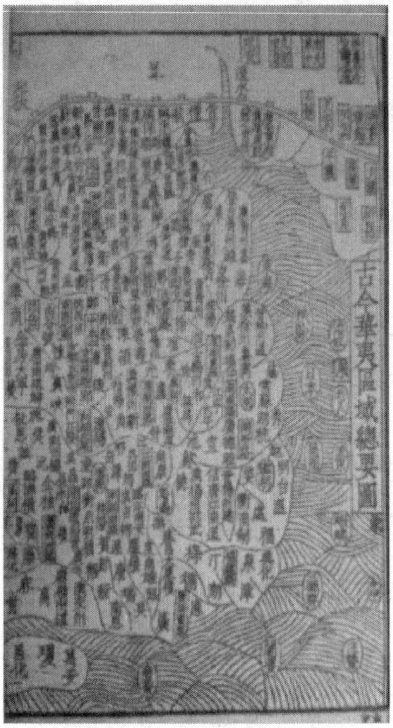

图3-14 《历代地理指掌图》 宋苏轼撰 嘉靖刻本

明代插图创作还有一个特点——依诗作画蔚然成风。在宋代，为提升画面意境，中央画院考核画工时，要求画工根据诗作画，而明代插图的依诗作画则反其道而行之。

第四章

书籍设计与商业

明代中后期，与商业紧密关联的各地坊刻兴盛书籍出版繁荣，极大地推动了书籍设计的发展。政府运用公共权力通过印刷的方式传播官方思想，对于民间书坊而言，获利是驱动书坊刻书的直接原因。

在利益的驱动下，插图、套印等有利于销售的设计得到最大程度的发挥，比如套印的方式就经常被用于商业性出版。闵、凌两个家族采用套版印书是为了迎合当时流行的评点经史诗文的风气，从而提高书籍在市场上的竞争力。闵齐伋说："旧刻凡有批评圈点者，俱就原板墨印，艺林厌之，今另刻一板，经传用墨，批评用以朱……置之帐中，当不无心赏。"❶"兹刻季迪评点及诸评词印以朱。宏甫评点及诸考释印以黛。如十五女子设妆，而脂粉艳施。又如金谷园，而名花异植丛集其中，萧萧疎竹之致远矣。"❷对套印书籍的商业效应，陈继儒说："吴兴朱评书错出，无问贫富好丑，垂涎购之。"❸但由于湖州刻书的商业属性，为了获得销售的卖相，在纸墨、刊刻上大加花费，在书籍内容上则又因为商业原因而肆意改动，如闵齐伋为了配合同期推出的郭正域评点本《韩文》《杜律》，将吴澄考注、周梦旸评点、郭正域作序的《考工记》删去相关词句，作为"郭评"出版。时人谢肇淛批评套印本出现前的湖州刻书时说，"吴兴凌氏诸刻，急于成书射利，又悭于倩人编摹，其间亥豕相望，何怪其然。"❹当时福建建阳刻书的批评最多，郎瑛《七修类稿》中说："闽专以货利为计，但遇各省所刻好书，闻价高即便翻刊，卷数目录相同，而于篇中多所减去，使人不知。故一部止货半部之价，人争购之。"❺但湖州刻套印书籍的预定读者群是文人，所以刊刻的是符合当时文人喜好的经史、诗词、佛经、兵书或戏曲，而不刻下层群众喜欢的蒙书、历书、医书和其他百科类书。

❶《春秋左传》卷前闵齐伋，《闵氏家刻分次春秋左传凡例》，万历四十四年闵齐伋刻朱墨套印本，上海图书馆藏。

❷《苏长公合作》卷前凌启康，《凡例》，万历四十八年凌启康刻朱、墨、蓝三色套印本，上海图书馆藏。

❸《史记钞》卷前陈继儒，《序史记钞》，泰昌元年闵振业刻朱墨套印本，上海图书馆藏。

❹［明］谢肇淛，《五杂组》，卷十三"事部一"，第266页。

❺郎瑛，《七修类稿》卷四十五"书册"，北京艺术出版社，1998，第553-555页。

明代书籍中与商业相关的要素还有很多，比如广告、图书定价以及图书的流通等。此时的设计不是一般所说的具体的书籍版面、字体、插图等方面的视觉元素设计，而是在印书成本的限定下综合考虑各个方面所做的设计。例如，相对而言，广告是一种具体的视觉设计，而图书价格设计则综合了包括人工、材料费用在内的更多因素，图书设计只是其中一个方面。在插图创作中，人物形象、场景表现、绘画风格等都有着很大的操作空间，刻工代笔是一种途径，聘请名家好手则又是另一种局面，很多家刻为了追求效果不惜工本，如明末刻印的一些画谱。但一些坊刻则借用甚至直接摹刻其他插图。表面看来，这无关于设计，但其实，作为最终的视觉呈现。设计并不是独立而纯粹的创造行为，它与很多因素相关。书籍的流通也是如此。明代的北京书市非常繁荣，但北京本地的书坊却并不那么繁荣，北京书市里的很多书来自江南、福建等地。一些对书籍有着浓厚兴趣的人甚至通过书商去“淘”书。这些被淘来的书，刻本精良、选题较好，书籍设计也讲究。“经厂本”被人们普遍看好，是因为“经厂本”在字体、字号、版面构成等设计上更为突出；徽派刻工遍布各地，是因为雕刻技术上的优势，他们能够把艺术家们的设想完美地表现出来。

第一节　书籍广告

为了促进本坊书籍的销售，各种形式、方式的广告大量出现，这些应用广告包括牌记、扉页、序跋、评点、题识、书名、书目、卷端、书口等，其视觉形式是广告语和广告画。广告包括五个要素，即广告主、媒介、广告信息、受众和效果。书坊主人就是广告主；由于是书籍的广告，所以书籍本身是媒介；广告信息依据广告内容不同而相异；受众即为读者；广告效果则不确定。牌记有着直接的广告作用，但其他范式也同样有此功用。序、引、跋，在对出版内容进行说明的时候，如果引名人效应为己用，请名人作序，也就有了广告的作用了。插图本是一种表现方式，但由于插图的审美价值能够带来读者效应，所以插图在客观上也成为一种广告。评点类似于名人的序跋，也是利用名人效应促进销售的一种方式，所以也是一种广告。征稿广告不是对某本书做的广告，而是对书坊做的广告。

在唐代，雕版印刷的书籍中就已经出现多种广告形式的文本。在宋元时期，书籍广告已经发展到较高水平。到了明朝，尤其是晚明时期，书籍广告又有了进一步的发展。

一、牌记

书中加牌记最初是为了便于读者识别，后来牌记包含的内容逐渐增多，形成了类似于版权记录的形式，有的牌记中还有广告内容。牌记一般刻在书的首尾或序、目录的后面，图文结合，文字长短不一，是一种重要的广告形式。牌记被用于广告时的作用包括声明版权和广告宣传：强调自家刻本内容独特，发布征稿启事，标明书坊名号，宣示版权等。明代牌记的数量不一，有一本书一个牌记的，也有两个或多个牌记的。

唐代时，已出现牌记的迹象。敦煌变文《韩擒虎话本》在卷末题有“画本既终，并无抄略”一语。唐至德年间卞家印本《陀罗尼经咒》首行为“唐成都府成都县龙池坊卞家印卖咒本”，唐咸通年间的长安李家刻本《新集备急灸经》书前有“京中李家于东市印”等，这些牌记标明了刻书或书坊的地点、名号以及版权，同时也是在做广告。宋代牌记的文字、内容比唐代牌记有所增多，一般是一句话，说明刻书时间、地点和刻书堂号。

宋官刻《资治通鉴》牌记为“鄂州孟太师府三安抚位刊梓于鹄山书院”，坊刻《钜宋广韵》序后有“乙丑建宁府黄三八郎书铺印行”，家刻《三苏文粹》目录后有“婺州义乌青口吴宅桂堂刊行”。比较复杂的有佚名无年号记录的《东莱先生诗武库》，其目录前的牌记为“今得吕氏家塾手抄武库一帙，用是为诗战之具，固可以扫千军而降勍敌，不欲秘藏，刻梓以淑诸天下，收书君子，伏幸详鉴。谨咨”。建安余氏庆元三年刻的《重修事物纪原集》的牌记写道：“此书系求到京本，将出处逐一比较，使无差缪，重新写作大板雕开，并无一字误落。时庆元丁巳之岁建安余氏刊。”

元代时，牌记内容更为丰富，云坡刻本《类篇层澜文选》的书前牌记写道：“今将旧本所选古文重新增添，分为前、后、续、别四集，各十卷。前集类编赋诗韵诸杂著，以便初学者之诵习。后、别、续三集类编散文纪传等作，以资作文者之批阅。先后体制次序秩然，真视旧本大有径庭。幸鉴。”元刘氏翠岩精舍在《渔隐丛话》目录标题后有六一堂的刻书告白：“车书一家，文风鼎盛，经史诸集，焕然一新，至于诗家评话，刊行尤多。惟《渔隐丛话》是又集诗家之大成者，尚此阙焉。元来善本，已有舛误，况板经九十余年，讹脱尤甚。今本堂广求古今文集，补讹订舛，重新绣梓，庶可备牙签三万轴之储，锦囊三千首之助。高山流水，必有赏音。六一堂余白。”

从上述例子可以看出，随着时间的推移，人们已经越来越认识到牌记的广告作用。所以，从唐至元，牌记的文字越来越多，内容也越来越丰富，文辞从质朴无文的简单表述变为优美文辞的婉转表述，以情动人。

明弘治十一年（1498年）金台岳家书籍铺刻本《新刊大字魁本全相参订奇妙注释西厢记》中的牌记是一幅上下覆有祥云的图案，牌记写道："尝谓古人之歌诗，即今人之歌曲。歌曲虽所以吟咏人之性情，荡涤人之心志，亦关于世道之不浅矣。世治歌曲之者犹多，若《西厢》曲中之翘楚者也，况闾阎小巷，家传人诵，作戏搬演，切须字句真正，唱与图应然后可。今市井刊行错综无伦，是虽登垄之意，殊不便人之观，反失古制。本坊谨依经书，重写绘图，参订编次大字魁本，唱与图合。使寓于客邸，行于舟中，闲游坐客，得此一览始终，歌唱了然，爽人心意。命锓梓刊印，便于四方观云。弘治戊午季冬岳家重刊印行。"相对于前面三代的牌记，可以看到明代牌记文字的发展程度更高。在行文上是完整的文章，不是仅仅对书籍内容、特色进行介绍，而是对书籍刊刻内容予以论述，然后引出自家作品。为了激起读者的兴趣，还对书籍内容所对应的场景进行描述，不管是室内，还是游船上，或者是闲游中，都能成为读者生活的有益融入。赋、比、兴被作者熟练地用于广告之中，既是一篇优秀的小文，也是广告，不同于现代广告文案，可谓广告与中国传统文化相结合的典型作品（图4-1）。

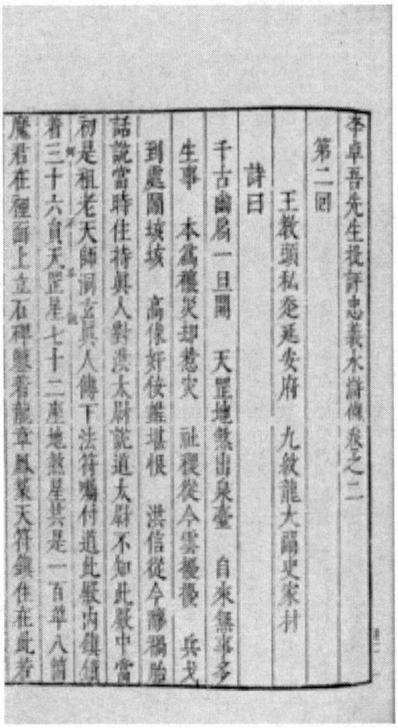
李卓吾先生批評忠義水滸傳卷之二
第二回
王教頭私走延安府　九紋龍大鬧史家村
詩曰
千古幽扃一旦開　天罡地煞出泉臺　自來無事多
生事　本為禳災却惹災　社稷從今雲擾擾　兵戈
到處鬧垓垓　高俅奸佞雖堪恨　洪信從今釀禍胎
話說當時住持真人對洪太尉說道太尉不知此殿中當
初是祖老天師洞玄真人傳下法符囑付道此殿內鎮鎖
著三十六員天罡星七十二座地煞星共是一百單八個
魔君在裡面上立石碑鑿著龍章鳳篆天符鎮住在此若

图4-1 《李卓吾先生批评忠义水浒传》

这种优雅的牌记文章不多，更多的还是直白的广告竞争语。万历年间余氏刻本《明律正宗》书前牌记写道："坊间杂刻《明律》，然多沿袭旧例，有琐言而无招拟，有招拟而无告判，读律者病之。本堂近锓此书，遵依新例，上有招拟，中有音释，下有判告、琐言，井井有条，凿凿有据，阅者了然。"陈氏存仁堂万历刻本《万宝全书》牌记云："坊间《万宝全书》，不啻充栋，然不一精检，鲁鱼豕亥，混杂篇章者有之。本堂特请名士，校雠事物度数，一仿古典，启牍书札，别摸书藻，端写绣梓，点画不差，应酬便用，价比南金矣。"

二、序跋

序跋是在书后对书版刻来源、底本情况、刻书缘起等内容进行介绍，撰者或为书坊主人，或延请名家题写。

宋代序跋广告数量不多，但已经在官、家、坊刻中都有表现。官刻中的题跋如宋绍熙三年（1192年）两浙东路茶盐司所刻的《礼记正义》卷末有黄唐跋文："六经疏义，自京监蜀本皆正文及注，又篇章散乱，览者病焉。本司旧刊《易》《书》《周礼》，正经注疏萃见一书，便于披绎，它经独阙。绍熙辛亥仲冬备员司庾，遂取《毛诗》《礼经》疏义如前三经编汇，精加雠正，用锓诸木，庶广前人之所未备。乃若《春秋》一经，顾力未暇，姑以贻同志云。壬子秋八月三山黄唐谨识。"家刻如洪遵乾通六年（1107年）刻《洪氏集验方》卷末跋为："右集验方五卷，皆予平生用之有著验，或虽未及用而传闻之审者。刻之始孰，与众共之，乾道庚寅十二月十日鄱阳洪遵书。"坊刻建安余氏在《春秋公羊经传解诂》序后跋中说："《公羊》《穀梁》二书，书肆苦无善本，谨以家藏监本及江浙诸处官本参校，颇加厘正，唯是陆氏释音字或与正文字不同，如……若此者众，皆不敢以臆见更定，姑两存之，以俟知者。绍熙辛亥孟冬朔日建安余仁仲敬书。"

元代题跋式广告内容少的数十字，多的上百字。建阳坊刻本《类编皇朝大事记讲义》目录前的跋为"吕府教旧游庠序，惯熟国史，因资治通鉴摘其大纲，分为门类，集为讲义，场屋之用，如庖丁解牛，不劳余刃。昨已刊行，取信天下学者有年矣。今旧版漫灭，有妨披览，重加绣梓，视原本大有径庭，幸鉴观。"广告的意味很浓重。

序跋广告有作者自己写的，更多的是书坊邀请名流或伪托名流写的，主要对书的内容、刊刻质量等加以宣扬。汲古阁刊刻《十三经注疏》时，约请著名学者钱益谦作序，序文写道："《十三经注疏》旧本多脱误，国学本尤为舛驳。迩者儒臣奉旨雠正，而缪缺滋甚，不称圣明所以崇信表章至意。……毛生凤苞，窃有忧焉，专勤校勘，精良锓版，穷年累月，始告成事。"

三、凡例

凡例有时候也作"叙例""例言"，其作用是介绍书籍的内容和体例（图4-2），常被撰写为推介性的软文广告，例如：

风流小说，最忌淫亵等语以伤风雅，然平铺直叙，又失当时亲昵情景。

兹编无一字淫哇，而意中妙境尽婉转逗出。作者苦心，临编自见。

坊间绣像，不过略似人形，止供儿童把玩。兹编特恳名笔妙手，传神阿睹，曲尽其妙。一展卷，而奇情艳态勃勃如生，不啻顾虎头、吴道子之对面，岂非词家之韵事、案头珍赏哉！

绣像每幅，皆选集古人佳句与事符合者，以为题咏证左，妙在个中，趣在言外，诚海内诸书所未有也。

诗句皆制锦为栏，如薛涛乌丝等式，以见精工郑重之意。

锦栏之式，其制皆与绣像关合。如调戏宣华则用藤缠，赐同心则用连环，剪彩则用剪春罗，会花荫则用交枝……无一不各得其宜。虽云小史，取义实深。

诗句书写，皆海内名公巨笔，虽不轻标姓字，识者当自辨焉。

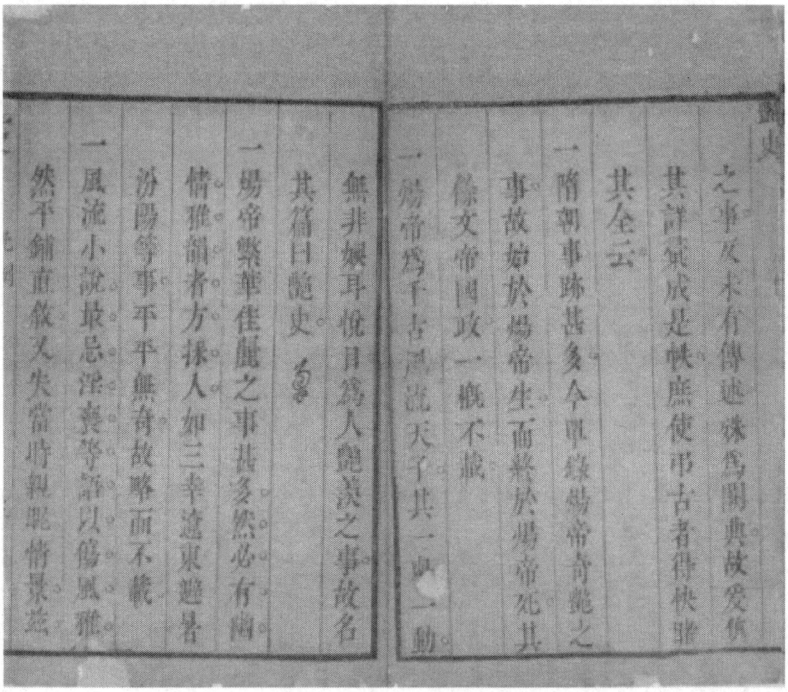

之事反未有傳述殊爲闕典故爰集
其詳彙成是帙庶使弔古者得快睹
其全云
一隋朝事跡甚多今單錄煬帝奇艷之
事故始於煬帝生而終於煬帝死其
餘文帝國政一概不載
一煬帝爲千古風流天子其一舉一動
無非娛耳悅目爲人艷羨之事故名
其篇曰艷史
一煬帝繁華佳麗之事甚多然必有幽
情雅韻者方採入如三幸遼東避暑
汾陽等事平平無奇故略而不載
一風流小說最忌淫褻等語以傷風雅
然平鋪直敘又失當時親昵情景茲

图4-2 《隋炀帝艳史》凡例

可以看到，凡例对行文内容、插图、诗句、装饰依次进行介绍，但在表述自身特点、宣传自身编纂独具匠心时，也对竞争对手的做法进行贬斥。

四、牒文

牒文是官刻书中的广告文字。牒文为北宋官刻所发明，在雕印的书中附以牒文，既是对所刻书进行说明，也是一种公益广告。雍熙三年（986年）敕准国子监雕印徐铉等人新校订的《说文解字》，卷末有中书门下牒文："书成上奏，克副朕心，宜遣雕镌，用广流布……仍令国子监为印板，依《九经》书例，许人纳纸墨价钱收赎。"元代演戏宋朝做法，规定凡政府刻书，必须经中书省审查然后再下达各路，与宋相比，内容更加具体。

五、书名

书名是书的命名，但在短短的几个字内，古人就以各种方式对书进行宣示，虽然是一种说明，却也成为言简意赅的广告。写本时代就有这种做法，宋代时日渐增多，如《朱文公订正门人蔡九峰书集传》《监本附音春秋谷梁传注疏》《新刊校订集注杜诗》中，门人、监本、新刊都是具有标准意义的词汇，用于书名时的广告效果立显。所以，名不副实、夸大其词的情况也就很容易出现。元代依然如此。对于书名广告，明朝延续前朝做法，形式就是在书名前加各种前缀，在广告内容上分为三类：

（1）关于刊刻版本内容的，如新刊、新编、新镌、精镌、古本、秘本、官板、按鉴、参补、通俗、演义、注释、新增、插增、增补、校正、精订、绣像、补相、全相、评点、评释、圈点等。

（2）以插图作为特色的，如绣像、补相、全相、出相。

（3）以编辑者身份为亮点的，有社会身份、声明的名人、状元、名流，李卓吾、陈继儒、汤显祖等人都会被用于书名中。

《新锲两京官板校正锦堂春晓翰林查对天下万民便览》《新刻汤学士校正古本按鉴演义全像通俗三国志传》这两本书的书名可以说包含了上述所归纳的三类方式。

六、封面

宋代时书籍封面简素，一般为卷端题写书名，或在版心刻书名的简称，也有将印好的书名长签贴在书皮的左上方。元代时出现了带插图的封面，最早的是至元三十一年（1294年）建安书堂刻印的《新全相三国志平话》。至正十六年（1356年），刘君佐的翠岩精舍刻印的《广韵》一书的封面很有特色，封面中央以两行大字刻印"新刊足注明本广韵"，书名上部横排阴刻"校正无误"四字，最上方是横排的书坊名字"翠岩精舍"，书名左边为竖排"至正丙申仲夏绣梓印行"，右边为"五音四声切韵图谱详明"，左右对称。这个封面既有书名，又有出版者和出版时间，还对书籍内容进行了介绍。封面充分发挥文字的信息传递作用，在有限的空间里采用多种方式对文字内容进行组合，仅用两个小圆圈做装饰，以文字的字体、字号作为装饰元素，版面简洁美观。

七、扉页

扉页是书名页，是打开封面后的第一页，也叫内封。扉页设计与封面的设计不同，可以较为多样化地加以表现，也就有了更为多样的广告样式，既有简单的广告语形式，也有复杂的广告语与插图相配合的形式。如万历年间双峰堂刻本《镌三台山人芸窗汇爽万锦情林》的扉页，上面横排刊印者“双峰堂余文台梓行”，左边竖排大字“镌三台山人芸窗汇爽万锦情林”，余下的版面上排图下排文。上图画面中的屏风前有一人坐于书桌前看书，旁边是侍奉的两童子，图下并列着《汇钟情丽集》《汇三妙全传》《汇刘生觅莲》《汇三奇传》《汇情义表节》《汇天缘奇遇》《汇传奇全集》等书名，旁边还竖排三行小字“更有汇集诗词歌赋、诸家小说甚多，难以全录于票上，海内士子买者，一展而知之”，既为本书做广告，又为书坊所刻的其他书籍做了广告。

建阳书林刘双松的安正堂善于利用版权保护声明来宣传图书。安正堂万历四十年（1612年）刊本《新板全补天下便用文林妙锦万宝全书》的扉页（图4-3）中写有：“兹书本堂原有编刻，已经大行。近因二刻板朦，不便命工绣梓，乃恳双松刘君删旧补新，摘粹拔尤，海内识者，靡不称羡。迩来嗜利棍徒，假票溷卖，翻刻不备，不惟观者无益，且令用者有误。于是三刻真本，中刻名真万宝全书，票用双松印记，买者查有姓号，方不误认。谨白。”

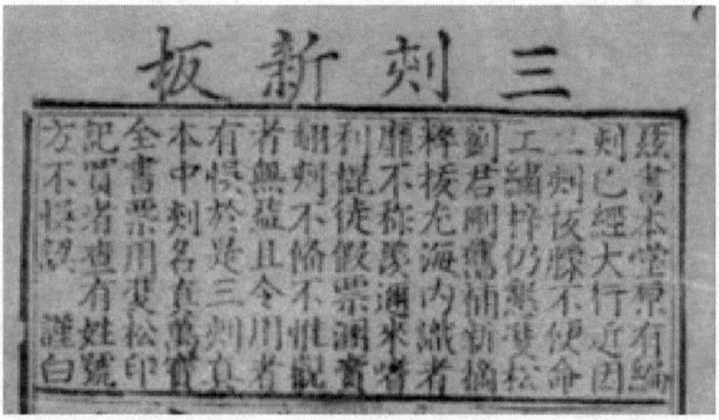
三刻新板

茲書本堂原有編刻已經大行近因二刻板朦不便命工繡梓仍懇雙松劉君刪舊補新摘粹拔尤海內識者靡不稱羨邇來嗜利棍徒假票溷賣翻刻不備不惟觀者無益且令用者有悞於是三刻真本中刻名真萬寶全書票用雙松印記買者查有姓號方不悞認　謹白

图4-3　图书扉页中的广告

八、正文

在书籍正文中插入广告的做法不多，因为这必然会强行打断读者的阅读行为。这种做法可谓是一种“植入式”广告，使读者难以避开，它的出现可见当时竞争的激烈。当然，这种做法只会在注重市场效应而忽视书籍艺术重要性的地方出现。例如，余象斗在万历三十四年（1606年）重刊的《列国前编十二朝》卷四结尾处就有一段对该书坊的《列国志传》的广告文字：“至武王伐纣而有天下，《列国传》上载得明妙可观，四方君子买《列国》一览，至识此传，乃自盘古氏起传三皇五帝至纣王丧国止矣。”

九、插图

插图本是对书籍内容的形象化表现，与没有插图的书籍相比，有插图的书更吸引人，所以插图就成为书籍特色，具有了某种广告效应。在印本之前，书籍中本就有插图，印本出现后，插图只要具备了刻印的技术可能性，它就必然会出现。明末夏履先在《禅真逸史·凡例》中说：“昔人云：诗中有画，余亦云：画中有诗。俾观者展卷，而人情物理，城市山林，胜败穷通，皇畿野店，无不一览而尽。其间仿景必真，传神必肖，可称写照妙手，奚徒铅椠为工。”崇祯四年（1631年）的人瑞堂刊本《隋炀帝艳史·凡例》中，除了宣称本书事事有来历、处处有关世道外，也着重宣传在插图安排、制版印刷等方面的与众不同：“坊间绣像，不过略似人形，止供儿童把玩。兹编特恳名笔妙手，传神阿睹，曲尽其妙。一展卷，而奇情艳态勃勃如生，不啻顾虎头、吴道子之对面，岂非词家之韵事、案头珍赏哉！绣像每幅，皆选集古人佳句与事符合者，以为题咏证左，妙在个中，趣在言外，诚海内诸书所未有也。”当一种资源稀缺时，这种资源本身就是一种无声的广告。图画性插图应用于书中各处，除正文插图外，还有牌记插图、扉页插图等。插图外框一般多按照版面采用方形，但晚明时期，在苏州等地出现了“月光型”，即方形版面中的圆形图画样式，后来流行于各地。这种版式出现后，与以往的方形形成鲜明对比，仿佛它不是单独的画面，而是对画面的截取，从而别具一格，插画的竞争并不局限于画面内容，插画的页面编辑也是一种新的竞争手段。

除了内容性的图像之外，其他形象元素（包括图案和肖像）也属于插图范畴。图案既包括装饰性图案，也包括隐喻书籍内容的图案，尤其是后者，更是一种有特色、有意境的插图表现方式。现代书籍将作者的肖像印于封面内衬上，与明代书坊主人将自己的肖像刊刻在书中是一脉相承的。

这种方式有两种作用：

（1）图案标记。书坊主常用鲜明的图案标记来加深买者对本字号的印象。把图案作为书店的标记，始于元代，广为流行于明代。万历刻本《宣和印史》的广告中称："宝印斋监制《宣和印史》……绝无模糊、倾邪、破损。敢悬都门，自方《吕览》，恐有赝本，用汉佩双印印记，慧眼辨之。"这是将"汉佩双印"的图案作为书坊的标志。万历十二年（1584年）刻本《新刊真楷大字全号搢绅便览》的广告称："北京宣武门里铁匠胡同叶铺刊行，麒麟为记。"其实，早在宋代，某针铺就曾打广告说"认白兔为记"。

（2）肖像标记。书坊主人把自己的肖像刻在书上，以个人的人格和声誉作担保，承诺图书品质。最早见于明弘治丙辰建本《周易传义大传》，上面有余氏双桂书堂主人像。余象斗刻印的《海篇正宗》《诗篇正宗》等书的前面均印有大幅《三台山人余仰止影图》。

总结上述广告行为，可以看到有如下这样几个特点：

第一，具有传递信息的功能。这些广告以具体的信息为依据，或介绍图书内容，或介绍书坊刊刻的其他书籍，或介绍书坊。传递实用、有效的信息是书坊首先要实现的广告目的。可以说，对书的介绍是物质层面的，对书坊的信誉宣言才有着书籍设计走向精神性的意味。从塑造品牌的意识上，可以看到当时的书坊对品牌已经有了明确的认识，知道要树立自己的品牌，如以"新刻""先朝明笔"等强调精品，并把书坊名号、书坊主人的姓名、肖像等作为广告内容。但这些做法毕竟只是引向比较容易直接联想到的书名、出版者这些因素，只能依此区分于其他书坊，书坊自身在品质方面的特质并没有表现出来。所以，虽有品牌意识，但对如何塑造品牌尚没有清晰的认识。虽然官、家、坊三方有着相对独立的领域，但是，也要看到由于当时尚没有形成以成熟的行业、门类为特色的出版，所刻印的书籍在题材内容上比较繁杂，提炼不出特色，宣传时无法针对性地强调某种精神特质。官刻本来应该是行业性特征最明显的，但是，官营经济在市场发展不充足的时代里没有发展的内部动力，也就注定不能充分发掘印刷出版的商业潜力，对自身特色方面作提升。

第二，具有尚"奇"的特征。如"四大奇书"起初指的是《南华经》《西厢记》《楞严经》和《离骚》，万历三十六年（1608年）雁荡山樵的《水浒后传》序言中介绍这本书时称"是传而兼四大奇书之长也"；笑花主人的《今古奇观》序言中称《水浒传》《三国演义》《琵琶记》和《西厢记》是四大奇书；李海观《歧路灯》自序中对于"四大"的流传解释道："古有'四大奇书'之名，曰盲左、曰屈骚、曰漆庄、曰腐迁。迨于后世，则坊佣袭‘四大奇书’之名，而以《三国》《水浒》《西游》《金瓶梅》冒之。”

第三，名人效应是主要的制造“魅幻”的手段。为强调权威性、典范性，官府的权威性是一方面，名人效应则更显直白，对于一些相对流行的书籍来说更是如此。常见做法有名人直接引导阅读的“李卓吾批评”“钱太史评注”“陈眉公手阅”，如果做不到这些，那么，名人予以推荐作序跋、汇编也是值得珍惜的。除此之外，还有更多的所谓名人评点、推荐其实是伪托虚造的。最终，书坊实现了差异化竞争和排他性竞争优势。

第二节 书籍价格

明朝注重科举取士。在明代，人口不断增长，备考科举的人数也不断增长，与相对固定的录取名额之间形成矛盾。明朝选拔官员有荐举、学校和科举三个途径，虽然各级学校中就学的秀才、举人可以不再应举，而选择转任低级官员，但科举是主要途径，尤其对于平民而言，科举是最可行的道路。据统计，整个明代，朝廷共录取进士24594名，如果按照殿试8%~10%的录取比例算，则举人人数为24万~30万。而生员，一般大县有一两千人，小县有七八百人（少的也有二三百人），明末时全国约有60万人。另有尚未成为生员的童生，可能达到上千万人。顾炎武在《生员论》中将生员与乡宦、胥吏并列为“病民”的三种，费密在《荒书》中称生员为“五蠹”之一。

自成化以后，天顺、景泰年间尚且还简约朴素的社会风气消失，而奢靡之风兴起，其中的一个表现就是城市的扩张。城市化带来了商业的繁荣，大量农村成为城市，农村人成为城市人，在都市中生活需要具备一定的文化知识，这就要求一定程度的知识普及。在经济发达的地区，如江南地区，试图通过读书、科举的道路进入仕途的人更多。对于这个数量极大的“生员”和“附学生员”群体而言，满足其需求的各类举业书在官刻、坊刻中占据重要比重。除此之外，还有粗通笔墨的群体，所以，整个社会的识字率应该是比较高的。这些人都会与书发生关系，成为书商的客户。所以，当时城市之中的识字群体充斥于从官至民的各个阶层，也充斥于各个行业之中，张岱在《夜航船序》中谈及余姚风俗时，说当地人从小读书，到20岁时，如果在科举上看不到希望，就转而从事其他行业。这些不再专心于科举的人或许不会再看举业书籍，却仍会阅读其他书籍。

图书定价影响着图书销量，图书销量同时也影响着图书的定价。城市中的识字群体的构成特点意味着阅读需求的丰富性和层次性，书商除大量刊印儒家经典外，还需关注读者科举应试目的之外的精神需求，这种需求促进了通俗读物的不断推陈出新和大量刊行。明代图书定价并无统一标准，胡应麟曾在《经籍会通》中对影响书籍价格本、刻、纸、装、刷以及缓急、地理等因素进行了分析。综合现存明代书籍中对于书价的记录可以看到，在万历年间，一本书的价格最高达到三两白银。通俗读物发行量大，定价较低，如《万宝全书》37卷，仅一钱。建本的价格普遍较低。当时宋本的价格很高，贵的达上千两白银，便宜的一二两白银甚至五钱。抄本高于刻本。而历本两千册的售价才六两五钱，《书言故事大全》四册售七十文，《南九宫十三调曲谱》仅一钱五分，《辽史》八钱。

嘉靖三十三年（1554年）福建沙县重刊的《豫章罗先生文集》一书中，半页13行，每行23字，共161页，刊刻费用共计二十四两白银，即每百字约18文钱。嘉靖四十二年（1563年），江西永丰县刊刻的《周礼传》共850页，给付工人的工资为每页一钱三分，共计一百五十两五钱，这个费用还不包括誊写、工人伙食和版木材料的费用。万历时期，刊刻于浙江嘉兴的线装本《大藏经》中曾记载了该书的各项费用：

每一百字，写工费用四厘，刻工费用三分五厘；

每块版木，购买并运送到寺庙为三分四厘，版面磨平费用二厘，配框费用二厘；

每块两个版面，共计20行，每行20字，刻完后费用为三钱五分。

万历三十一年（1603年），北京书坊的平均刊刻费用为百字四分；天启四年（1624年），浙江家刻本的平均费用约为百字三分二厘；崇祯时，毛晋以百字三分的价格刻印了《十三经注疏》和《十七史》等书。

以上是书籍刊刻时的费用，最终付梓印刷后的售出价格因情况不同而又有不同。万历十四年（1586年），上海豫园主人潘允端花二两三钱买了约60册的新刊类书《稗编》，花二钱五分买了《十大家文》。同年，举业书《金顺斋张先生策海》在苏州的售价为5册二钱。万历二十八年（1600年），《太上治生法会伊始真人解悟真经》在南京出售时的价格是5册二钱。万历三十九年（1611年），安正堂采用嘉靖中期其他书肆旧版翻印的《新编事文类聚翰墨大全》约2060页，售价为一两白银。万历四十二年（1614年），序德堂刊印的《新刻搜罗五车合并万宝全书》共8册，总计约450页，售价为一两白银。同时期，杭州读书坊印行《东坡集选》12册，近1160页，售价二钱。崇祯元年（1628年），建阳存仁堂刊本《新刻艾先生天禄阁汇编采精便览万宝全书》5册，约380页，售价一钱。以上书价计算后得出的价格不一，其中有印刷质量、纸张质量等因素的原因，也有虚标的情况。

那么，上述书价是否能为当时的普通读者所接受呢？周启荣在《近世中国早期的出版、文化与权力》[1]一书中进行了分析。他认为，明代晚期，商业出版的平均成本（包括木料和刻工工资）不超过一钱，一般书籍的单册价格可到一钱或更低，高的也在一两白银以下，《四书》的售价也就三钱、五钱，而私塾教师的年薪为四十两白银，水夫月薪八钱，说书者说一个章回的收入为一两白银，刻字工人工作不到10天就能买定价三钱的《四书》，所以如果节俭一些的话，普通人买得起多数书籍。

第三节 书籍的流通

一、书籍销售方式

书籍的印刷是基础，数量巨大的阅读群体是印刷的终点，而畅通的销售渠道是保证印刷与阅读的不可或缺的中介。明代时，刻书与售书是一体的，书坊既是出版者也是销售者，出版中心也就是销售中心，各地的书坊街就是集刻书与售书为一体的图书商业街。嘉靖《建阳县志》中有这样的记载："建邑两坊，古称图书之府，今麻沙虽毁，崇化愈蕃……书市在崇化里，比屋皆鬻书籍。天下客商贩者如织，每月以一、六日集。"[2]但建阳地理位置偏僻，虽然是出版中心，却不能成为集散中心，当地的书籍向外流出，而外地书籍却很少流入。南京、苏州、杭州既是出版中心也是集散中心。杭州作为集散中心的地位相比于出版要弱。北京的出版并不兴旺，但它的政治地位决定了它是重要的集散地。徽州比较特殊，虽然徽州也逐渐成为一个出版中心，但随着徽商的向外发展，徽州人纷纷前往全国各地开办书坊。当然，上述是以城市为点描述，实际上，在上述城市的周围往往有其他城市形成城市群，成为出版中心或集散中心。

书籍销售既有前店后坊模式也有纯书店模式——这些都是"坐贾"，还有"行商"。每个人的兴趣不同，只有相当数量的阅读人群才能形成一定的读者群体，所以书这种商品的销售需要以相当的人流量作为基础，

[1] Kai-wing Chow，Publishing, Culture and Power in Early Modern China, Standford University Press, 2004,19-56.

[2]《建阳县志》卷三《封域志》，天一阁明代方志选刊本。

因此书肆都设立在城市的商业中心，如苏州的金阊一带，北京的城隍庙，杭州的涌金门、镇海楼等。科举考试前后，书商们还会组织书市。书肆多采取开架式售书的方式，便于读者阅览、挑选。“行商”包括批发和零售两种。批发是向非产地售书的首要条件，尤其是偏远地区，更需要定期批发。零售则是图书代买和一般的偶发买卖。由于书商接触的书坊比较多，获取书籍的途径多样，在信息沟通不畅的时代，图书代买也是一种获取书籍尤其是特色书籍的重要途径。这种个性化的服务也提升了服务的专业性，书商对书坊和客户都有比较深入的了解，能够专门服务于特定客户，一些有文化的书商因此与名家来往密切。

移动书店在江南地区被称作“书船”，归有光说在嘉靖初期就已经有书船往来，到嘉靖中期时已经是很常见的现象了。移动书店的产生源于书籍需求的扩大。固定书店的出现则要早得多，只是不一定会有太大销量。北京书商汪谅于正德十四年（1519年）开始刊行《集千家注杜诗》，他在嘉靖元年（1522年）刊行《文选》时对自家刊刻的7种“翻刻”和7种“重刻”共14种书进行广告宣传。

图书零售书，南北方因交通工具不同有不同的销售形式，北方常见书担，南方则常见书船。江南地区的书商、“书客”，以船装载书籍，沿河售卖，这种方式自明代经清代一直延续到民国时期。

跨国贸易也是明代图书销售的重要途径。图书主要外销至有贸易往来的东亚和东南亚地区。明代初期，朝廷就有向外国使臣赐书的习俗，而外国使臣在中国大量采买的物品中也包含各类书籍。明代严从简在《殊域周咨录》中描写道：“及其黎氏诸王自奉天朝正朔，本国递年差使臣往来，常有文学之人则往习学艺，遍买经传诸书，并抄取礼仪官制内外文武等职，与其刑律制度，将回本国，一一仿行。”❶个别图书还辗转流入欧洲。至今，在一些欧洲国家的图书馆、博物馆中还能见到16世纪的中国图书。

二、印刷与商业

印刷技术是书籍刊刻出版的基础，也是商业竞争的重要手段。套印相对于普通单色印刷在色彩上更为丰富，这种印刷方式在明代后期与评点本的盛行相结合，一种颜色印刷原文，一种颜色印刷评点，成为商业竞争的重要手段。随着印刷技术的丰富，以图像为特色的各类绣像、画谱、图谱、印谱等成为该时期出版的图书新种类。

从万历末年到崇祯中期的30余年间，闵齐伋和凌濛初两大家族出版了

❶ 严从简，《殊域周咨录》卷六《南蛮》，中华书局，1993年，第81页。

100余种套印书。闵齐伋先是用朱墨二色套印《春秋左传》，后用五色套印经史子集等古书，以及戏曲、小说等。凌濛初汇编短篇小说集、编著“二拍”并刊刻发行则以营利为目的。

万历末年刊行的《封神演义》20册，不足1500页，书中有版画50页共100面，图书售价为二两白银。《春秋列国志传》12册，共1000余页，含60页版画，图书售价为一两白银，平均每册八分多，而一般的新刊书的价格为每册四分左右，所以插图本的销售对象是富商或家境富裕的士人。

对于发达印刷技术下的丰富图书表现，在当时还有另外的评价方式，即认为这些书是俗之又俗的。对于视正统经典为典范的士人而言，小说内容多荒诞不经，是不入流的。各种类型的出相、绣像被看作小孩子的读物，不能入有身份的士人之眼。画谱、印谱将珍稀的绘画原作以图画形式复制和传播，方便了更多人去附庸风雅。这类书因印刷工艺烦琐，耗费的资财就更多。万历末年至天启初年刊行的《八种画谱》的售价达每百页约一两白银，万历三年（1575年）刊行的《集古印谱》6册，共260多页，售价为一两二钱，万历二十四年（1596年）刊行的宝印斋《宣和集古印史》8册，售价为一两五钱，每百页约五钱。万历末年，熙春楼在《六经图》中插入绘画后出版，在封面上特意加上“摹刻宋版”字样以吸引眼球，采用28.2厘米×41.4厘米的幅面，版框为23.8厘米×36.5厘米的特殊幅面，该书6册共170余页，计一两六钱。这本豪华书的制作目的更多的是为了供人观赏而不是阅读。这种风气与晚明时期的奢靡世风相一致。一些讲求自出心裁的知识分子在这种令人眼花缭乱的多色套印中又看到了另外一种美。他们在看待书籍艺术时，不是以传统的审美观念为评判标准，而是将丰富的印刷技术、艺术与其他各色杂艺视为同类，于是书籍成为一种文人清玩，体现的是晚明时期文人的多样爱好。明代著名藏书家祁承㸁就将闵氏所印的套印书评价为“书籍中之清玩”。出相、绣像类的插图在与优秀的艺术家相碰撞后，发展出高超的艺术水准而不是曾经的粗率图画，小说艺术逐渐从民间说书人的口口相传发展为有较高文化素养的文人进行整理改编而具有了高度的文学水准。曾经的俗因此而转变为雅。谢肇淛说：“至于《水浒》《西厢》《琵琶》及墨谱、墨苑等反覃精聚神，穷极要眇，以天巧人工，徒为传奇，耳目之玩，亦可惜也！”[1]谢肇淛所不满的不是这些通俗读物做得精致，而是那些一般被看作正统的书籍反而不如这些通俗书籍精致。陈洪绶画的《水浒叶子》是艺术史上的著名作品。陈洪绶本是一名士人，科举不中，后以绘画为生。周孔嘉托陈洪绶的好友张岱约请陈洪绶绘画了这套《水浒叶子》，并请生于徽州、定居杭州的黄君倩刻版。后来出版的

[1] 谢肇淛，《五杂俎（十三）》。

《博古叶子》由黄君倩之子黄子立刻版。高水平人才的参与保证了版刻书籍的质量。

第五章

活字印刷与邸报

第一节 明代活字印刷的特点

活字印刷始于宋代毕昇的泥活字，元人王桢发明木活字，有印本流传的是明代铜活字（图5-1）。对活字印刷的直接记录都以沈括《梦溪笔谈》中所记为最早，但缺乏其他相应文字或实物辅证。元人王桢在其《活字印书法》一文中介绍了当时的活字发展状况。在王桢之前有人做锡活字，但印刷质量不佳，王桢在担任县尹时刊印了自己所写的《农书》，因为字数多，他便指导他人刻印木活字进行印刷。流传下来的活字印本是明代铜活字，而印铜活字最有名的是无锡的华、安两家，华家用铜活字在先。由于活字印刷相对于雕版印刷只是排字方式问题，活字在印行时仍然以当时通行样式为标准，所以字体、版式都与雕版印刷品相差不大。但印刷效果有差别。活字排版如果处理不好字的高低问题，就会出现墨色浓淡不一、字体歪斜、横排字（如“三”被排成“川”字形）等现象。但活字不会出现雕版长期使用后开裂的问题。活字印刷适应于印刷频繁、内容变化的商业时代，而古代印刷长期以官刻为主，官刻则以经典为主，较少变化，所以活字印刷的优势并不明显，而雕版却一劳永逸，存储也较活字便利。活字印刷的兴盛是在清代后期报纸传入中国之后。

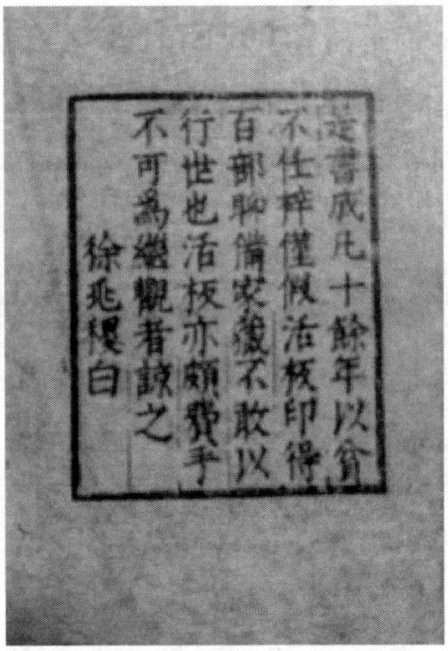
是書成凡十餘年以貧不任梓僅以活板印得百部聊備安覽不敢以行世也活板亦頗費手不可爲繼觀者諒之
徐兆稷白

图5-1　徐兆稷自刻活字本《世庙识余录》

宋元时期的活字印刷只有文字记载，没有印刷出来的书籍或印刷活字实物传世。现在已发现的有明弘治至万历时期的铜活字本，之后再在历史中出现的铜活字应用是17世纪末清内府排印的历书。但铜活字实物尚未见有遗存。

明代的木活字印刷比元代更为盛行。明代胡应麟曾说：“今世欲急于印行者有活字，然自宋已兆端……今无以药泥为之者，惟用木称活字云。”清代魏崧说：“活版始于宋，明则用木刻。”根据现存的活字本较难分辨使用的是铜活字还是木活字，但一般地，很多采用铜活字印刷的图书会有相关标注说明，而木活字本中则较少见有相关说明的。

目前，尚未见有明政府使用活字印书的记载，但明代藩王则有采用活字印书的。蜀王朱让栩在万历二年（1574年）刊印了《辨惑编》，后来益王朱厚炫再印该书时有“恐其传播之未广也，爰循旧本益加校订，命世孙以活字摹而行之”的记录，书中附录末页也有“益藩活字印行”的字样。此外，明代书院也使用活字印刷图书。例如，嘉靖年间由海虞钱璠编辑的《续古文会编》中记有“东湖书院活字印行，用广其传”。民间也有家藏活字的。嘉定的徐兆稷曾借别人家的活版印行其父徐学谟记录嘉靖朝掌故的《世庙识余录》。由于活字只是单字，所以可以互相借用，这是雕版所不具有的优势。

明代木活字本有名可考的有100多种，弘治以前的较少，多为万历时期印本。从地理分布来说，本活字印刷主要盛行于成都、南京、江苏、浙江、福建、江西、云南等地。明末，南方地区出现使用活字印刷家谱，如《曾氏宗谱》《方氏宗谱》《沙南方氏宗谱》等。

明代的铜活字印书主要以无锡为中心，也流行于常州、苏州、南京和福建的建阳、芝城等地。无锡的活字印刷以华、安二氏最为著名。虽然华、安二氏是当时无锡的大家族，但现存的关于这两大家族从事活字印刷的具体情况和活动的记载并不全面。华氏家族中的华燧、华珵喜好藏书、校书、印书。安氏先世本姓黄，洪武年间苏州人黄茂入赘安明善家后改安姓，四传至安国时经商致富，做义举、御海寇、治园林，好藏图书古物，用铜活字印刷文集、类书，质量比华氏要好一些。

明代铜活字多数字形、笔法各异，同一版面可能字体都不相同，字形也不够圆润，可能是单个镌刻，而不是批量铸造。铜活字所用材料应该是和青铜器一样，为铜、锡、铅合金，以增强硬度和柔韧度。明代铜活字有大小两种字体，华氏所印的书籍均有大小两种版本，也有大小混用的，小字本许多正文和注释在字号上不作区分。

对于活字印刷，除非明确标示外，只能从痕迹上去判定。活字是每个字单独雕刻后排印，雕版是整体雕刻，这是两种不同的工作方法，所以，就会留下不同方法所带来的差异。活字印刷中非常容易出现的现象是倒字，由于字模相同，字又是反写的，所以排版时很容易辨认不清，从而把字排倒。而雕版需要先写整面一版，再把纸贴在雕版上，所以是不会出现倒字现象的，即使出现某个字刻错的现象，在补字时也不会放倒，所以一旦出现倒字，就必然是采用了活字印刷。

活字是刻好后拼组，不需要记刻了多少字，所以常在版心下方标注出版者信息，如某堂、馆、斋、轩等。由于活字排版需要协调的字模太多，所以较少有装饰性元素。除边栏外，常见的鱼尾有时不见，只是出于装帧需要不得不用鱼尾，一般是双鱼尾，更多的就不常见了。所以，活字印刷的版心多比较简单。

由于活字印刷是先将字模排好后再绑紧，所以容易因不一致而出现各类现象：活字排好后，容易在四角的交接处出现缺口；字盘没有绑紧，印刷时用力压而导致字盘松弛。这些问题在雕版印刷中是不会出现的。由于活字大小不一致，接近下栏的地方可能会出现大片空白，所以难以在文字周围印上花栏。书籍上的行格本是雕版时用以区分的线条，但活字本的行线因版面高低不平，印的时候就会时有时无，甚至有的活字本全书无行线，这是由印刷技术决定的，而不是设计的要求。

有趣的是，活字印刷一般都是单个字版，但有时出于特殊需求，也有几个字刻在一起的字版。

第二节　活字及其应用

活字印刷在现代是非常常见的，而雕版则往往被看作是传统的、被现代社会主流所抛弃的印刷形式，但二者在古代时的地位恰与现代相反。在雕版印刷之前，印章可算作是一种类似于活字印刷的方式，但随着字数的增加，雕版印刷成为印刷的主流。在雕版印刷出现后的几百年后，活字印刷就出现了，可以说二者在做技术思想的跨越时并没有太大的障碍。但作为一种新的印刷思路，活字的发明和活字的应用却不是一回事。虽然与雕版最接近的木活字与现代的铅活字二者在技术上有很多差异，但活字版的独特优势仅仅是活字被广泛应用的基础，活字印刷成为主流印刷方式还需要有与之密切相适应的社会需求。与这种需求最接近的是古代的报纸——邸报。个人文集、家谱、方志等印刷品虽然适合用活字印刷，但这些需求在意愿的强烈程度和对象选择上都不如邸报强烈而明确。当然，最根本的原因还是社会上的知识群体还不够庞大。虽然随着科举制度的兴盛，明清两朝的读书人多达数千万，但这个人数若平均到全国各地，仍然是比较小的数字。如果不是政府行为强力推行，完全靠社会自由发展，显然还需要更庞大的阅读群体、更频繁的阅读行为才能支持活字印刷在社会上的推广。

邸报，又称“邸抄”，另有“朝报”“条报”和“杂报”的称呼，是用于通报朝廷文书和政治信息的新闻文抄，是京城以外官员获知朝廷大事及其他地方事务的重要渠道。宋代就已经出现了专门抄录邸报售卖的商人。明代专门设立通政司管理邸报的出版发行。根据明政府规定，奏章朱批之后，由相关部门编纂汇总成朝报。《大明会典》第213卷中记载，“凡六科每日接到各衙门题奏本，逐一抄写成册，五日一送内阁，以备编纂”“凡各科行移各衙门，俱经通政司转行”。在京各衙门要获取朝报信息，需要自派人手抄录，或六科派人抄出。京官通过这种方式迅速获知朝廷及全国各地信息，而外地官员则要依靠邸报来获取信息。明《保定府志》第26卷中记有：“查得本府原派各府县抄报银72两，专雇在京人抄报十本。”沈德符在《万历野获编》中说：“巡抚及总兵官，俱有提塘官在京师专司邸报，此亦进奏院遗意，引而申之，不为创见骇闻也。”

顾炎武在其《顾亭林诗文集》第三卷中说：“忆昔时邸报至崇祯十一年方有活版，自此以前并是写本。”也就是说，崇祯十一年（1638年）以前，邸报是手抄的，自崇祯十一年才开始采用活字印刷。但《明史·顾宪成传》中有这样的记载：“淮抚李三才被论，宪成贻书叶向高、孙丕扬为延誉，御史吴亮刻之邸钞中。”所以，其实邸报在采用活字印刷之前，应该也不全是手抄的，也有印刷的，只不过采用的是常见的雕版印刷。《万历邸钞》中还记载道：“忽闻其为书传之邸报，刻录盛行。臣异之，以为悬书邸报，自来未有，自今而起，窃以为世道人心何危急如此，将令国是难定，主权下移，当是难以主持公论。”由此可见，万历时邸报的刻录印刷已经非常普遍，以至于有人担心舆论左右决策。

明代的活字印刷多采用木活字。袁恬在《书隐丛说》中说：“印板之盛，莫盛于今日矣。吾苏特工，其江宁本多不甚工，此有用活字版者。宋毕昇为活字版，用胶泥烧成。今用木刻字，设一格于桌，取活字配定。印出，则搅活之，复配他页，大略生字少刻，而熟字多刻，以便配用。余家有活版苏斜川集十卷，惟字大小不划一耳。近日邸报，往往用活版配印，以便屡印屡换，乃出于不得已。即有讹谬，可以情恕也。”[1]从这段描述中，可以获得这样两条信息：其一，明代活字是木活字；其二，邸报采用活字印刷是与邸报的特点相一致的，这种特点就是文中所描述的“屡印屡换”，即邸报由于时效性原因，内容不断出新，以往的雕版印刷就很不便捷了。活字印刷的应用不是人的主观意愿所决定的，而是“出于不得已”，由客观因素决定的。以往的书籍印刷所面对的对象是典籍、历书等，内容轻易不会有变更，出现错误容易被人识别出来并受到诟病，所

[1] 黄卓明，《中国古代报纸探源》，第165页。

以，雕版印刷要保证文字的正确性。而邸报讲究的不是文字的正确性，而是内容的时效性和信息传递的作用。如果信息能够被及时有效地传达，那么文字“即有讹谬，可以情恕也”。

在邸报之外，活字印刷在历史上还有另一个施展的空间，这就是家谱。活字的特色在于“活”，而雕版相对就是“死”了。家谱的印数一般不会太大，重修时需要再增补内容，所以雕版的劣势就很明显了。与之相应的，各类销量小的，诸如方志、个人著述，都与家谱类似。所以在江南一带甚至出现了专门做家谱生意的谱匠。这些人肩挑活字，在各地流动做家谱，以至于在当时形成了修家谱的风气。这都是因为木活字在当时社会上流通之后，人们发现木活字的优势并进行开发利用才出现的社会现象。

相对于中国，朝鲜的活字印刷很发达，这是由于朝鲜政府大量刻制字模并大力推广的缘故，这种现象与中国不同。李氏朝鲜设立了铸字所，以公、私两种方式进行了28次木活字的刻制，一次刻字最多达到数十万字。此外，还用铜、铁、铅等金属铸活字34次。

其实，对于活字的便利性，人们在更早以前的书籍印刷实践中已经有所认识，但活字印刷因各种原因不能取代雕版印刷，其传承也很困难。著名的无锡印书大家华、安二氏和苏州的孙氏，南京张氏都曾用铜活字印刷书籍。对于批量化印制各类书籍的书坊来说，文字频繁使用的特点已经体现在不同的书籍里，采用活字能极大减少木版的数量。但大量的铜用于铸钱，而铅、锡配比如果做不好，合金的硬度就不够，金属活字的损坏率会比较高。更为直接的原因是，金属活字使用水墨不容易印制出清晰的效果。直到油墨出现，才较好地解决了印刷效果的问题。当然，正如上文所述，邸报采用活字印刷是出于频繁使用文字和强调时效性的客观需求。到了近代，西方成熟的铅印技术诚然从技术上极大地降低了活字印刷的难度，但不可忽视的是，随着西方文化的传入，时效性极强的报纸、杂志这些读物也是支持活字印刷取代传统雕版的重要因素。

与雕版印刷相比，活字印刷的工序更多，所需人力更多，对从业者的文化水平要求更高。活字被刻出来后，更重要的工作是排版。排版人员要具备相当的文化水平，掌握文字分类所需要的音律知识，然后才能识别出相应的字。印完后还需要撤版，对活字进行整理、归类。所以每一次印刷都需要大量的人工来完成这些烦琐的工作，而雕版制作则是一次性付费，印刷所产生的费用只是印刷工人和印刷用材的费用了。所以两相比较，活字印刷是一种工业化行为。

与活字印刷关联的是一种新的社会文化模式。这种新的文化模式注重的是效率，例如印刷质量和文字出错几率在强调经典性的雕版印刷中是非常重要的问题，但在邸报中却并不十分重要。活字印刷的优势就在于便于文字的频繁重组，邸报正是每次都要变换内容的出版形式，所以如果没有邸报所代表的即时性、时效性、更迭频繁的文化模式，活字印刷的优势也就不会体现出来。活字印刷在宋代就已出现，元代的王祯已经克服了泥活字的不足，发明了与活字印刷配套的便利的取字工具，并发展了一套相对成熟的活字印刷工序和方法，但是由于元代没有出现与活字印刷相适的新闻文化，所以活字印刷几乎没有得到应用。即使是明代，也只是在崇祯时期才在邸报的基础上发展出现代报纸的雏形。但即便是雏形，邸报的文化特征也已经表现得非常强烈，所以迅速推动了活字印刷的应用。邸报的读者群是各级官员和关心政治的各知识群体。据统计，明末时，明朝的各级文官约有10万人，武官有15万~20万人，其他各类知识群体总数约有50万人。这个庞大的读者群支持了邸报的迅速扩展。到了近代，中国引入了西方的新闻文化，将其与当时的城市文化生活相结合，既有严肃的文字性新闻，也有各类画报，确立了报纸在整个社会上的地位，此时，活字印刷才真正拥有了立足和发展的坚实土壤。

第六章

套印和拱花技术与印刷设计

第一节　套印

印染中的夹缬可能是多色套印的一个源头。夹缬是将两块雕镂之后的对称木板夹住布料，浸在染料中染色的方法。宋代王谠在《唐语林》中记录一位女子采用雕镂木版的方法套印彩色花卉。可以想见，只要将这种方法转移到纸上，便是套版印刷。北宋初年，四川民间流行的交子采用朱墨间错印刷的方法，应该就是一种双色套色印刷。宋徽宗时，当时管理交子流通的机构“钱引务”曾用黑、蓝、红三色套印纸币。

元代时，图书印刷采用朱墨二色套印。至元六年（1340年），中兴路（今湖北江陵）资福寺刻印无闻和尚的《金刚经注》时，经文用红色，注用黑色，双色套印。当然，这种套印方法可能不是双版，而是单版，在不同部位刷色，一次印刷出来的。

明代套印图书更为普遍，明中叶时很多作坊都推出套印本。当时印刷名家闵齐伋、闵昭明、凌濛初、凌瀛初等人都用朱墨二色或三色、四色印刷图书，其中尤以闵氏所刻著名（图6-1）。弘治年间印刷的《本草品汇精要》中的插图是先用雕版印刷出线条轮廓，然后人工填色。因为是人工填色，所以色彩丰富，表现精美。后来的多版套印则是通过饾版的不同版块实现色彩的丰富。

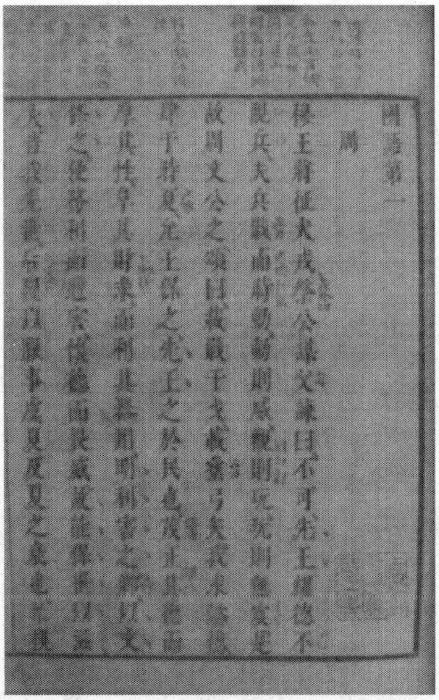

图6-1　《春秋左传》万历四十四年（1616年）闵齐伋刻朱墨套印本

套印一般被看作插图表现的重要手段，但从历史中的现实应用来看，文字套色印刷是主流。闵氏所刻书以经史子集为主，在印制时以套色印刷的方式区别正文和批注，一般正文是黑色，批注用其他颜色。凌濛初用朱墨二色套印了《韩非子》《吕氏春秋》和《淮南子》等书，万历九年（1581年）在刻印《世说新语》时，他采用四色印刷，以黑色印原文，红、蓝、黄色分别印王世贞、刘辰翁、刘应登等人的批注。据统计，闵、凌两家采用套印的书籍约有140余种，大多是朱墨二色的，三色的十几种，四色的四种，五色的一种，书名前加“朱批”“硃订”字样，以区别于一般书籍。

明万历以后，随着通俗小说、戏曲的流行，插图兴盛，有人便在插图上加颜色（图6-2）。插图套印多采用双色套印，多色也有，但较少。如凌氏印刷的《西厢五剧》的卷首附图就是用朱墨二色印制。汤显祖的《邯郸梦》《牡丹亭记》和张凤翼的《红拂记》等在浙江吴兴印制，插图多采用朱墨二色套印。

图6-2 《武备全书》天启元年（1621年）茅氏刻朱墨套印本

万历中后期，徽州刊刻了大量极其精美、风格清新的插图和画谱，在套版技术上也有所突破，被称作徽派。万历三十三年（1605年），安徽歙县滋兰堂刻印了《程氏墨苑》一书（图6-3）。该书有近50幅彩色图画，用四色或五色印制而成。另一墨商方与鲁在其美荫堂刻了《方氏墨谱》，也是由高手绘画、雕刻，然后彩色套印。但这种套印不是多版印制，而是像元代《金刚经注》采用的单版印刷一样，也是在一块版面的不同位置刷印不同色彩，一次印成的。这种单版印刷的好处是刻写方便、各部分的组合严密，不足之处是涂色麻烦。由于是在一块版面的不同部位涂刷不同颜色，所以要求刷印者具备色彩知识，还要注意在不同颜色交汇的地方要处理清晰，否则很容易混色。为解决这一问题，采用分色多版印刷的 饾版（图6-4）应运而生。饾版的名字来源于“饾饤”，指的是“将不同的食物放在器具里，混杂在一起”的意思。饾版的印刷工序是，先对彩色绘画稿的用色进行分色，然后用不同颜色制作一块版，在印制时，按照“由浅及深”的顺序逐色套印，实现近似于原作的效果。

图6-3 饾版的版块

图6-4 《程氏墨苑》中的插图《天老对庭》

图6-5 《十竹斋书画谱》

对于饾版的试验、改进和推广，明末徽州休宁人胡正言的贡献卓著。胡正言曾官至中书舍人，交述官职后在南京鸡笼山侧居住，因房前有竹十余株，所以居室命名为“十竹斋”。胡正言采用饾版技术印制了《十竹斋画谱》和《十竹斋笺谱》，后者更采用了压印新技法“拱花”。《十竹斋画谱》创作于1619年，1627年首次印制。1633年，胡正言将印制的所有书结集成《十竹斋书画谱》（图6-5）出版，包括书画谱、竹谱、梅谱、兰谱、石谱、果谱、翎毛谱、墨华谱8大类，前后历时14年。该书共有180幅版画约140幅诗和书法，每类谱中有绘画或书法作品约40件。

拱花有两种印制方法：一种是平压法，即在一块版上雕刻凹版花纹，然后将纸平铺在上面，用力将纸压下，形成凸起的花纹；另一种是双夹法，即分别雕刻对应的凹凸两块版，然后将纸夹在两块版的中间，两块版合在一起实现压花效果。拱花本是无色压印，但有的有颜色，这是在印制了颜色之后再用拱花的工艺压制而成（图6-6、图6-7）。

图6-6　饾版、拱花综合印刷

图6-7　拱花山水画

在《十竹斋笺谱》的序言中，胡正言的朋友李克恭对饾版、拱花印刷过程中的“三难”，即描稿、刻版和印刷这三道工序的特点和操作要点作了如下说明：

画须大雅，又入时眸，为此中第一义。其次则镌忌剽轻，尤嫌痴钝，易失本稿之神。又次则印拘成法，不悟心裁，恐损天然之韵。去其三疵，备乎众美，而后大巧出焉。

为了使印刷品更接近原作，在印刷时所用的颜料和纸也要与原作相同。

为保证刻印质量，胡正言与画家和刻工精诚合作。他聘请徽州水平最高的刻工，与刻工共同商讨刻印技术，并参与到技术实践和技术革新中。笺不同于书籍，是需要让人书写的，所以拱花的出现既显雅致，又在印成后与文字书写相呼应，别有韵味。《十竹斋笺谱》中大量采用拱花这种无色压印来表现画面的脉络或轮廓。笺谱中的水墨浓淡变化是采用饾版实现的，表现出了墨色的浓淡层次。比胡正言稍早，1626年，漳州人颜继祖请江宁人吴发祥刻印了《萝轩变古笺谱》，书中的彩图也是用饾版印刷出来的，有的图画也采用了拱花工艺。日本所藏的《殷氏笺谱》中也有拱花，该书的印制时间早于《十竹斋笺谱》。饾版、拱花这两种印刷技术可能来自徽派刻工，当时在一定范围内流传，而胡正言的亲身参与和与刻工的密切合作极大地发挥了这两种技术的优势，促进了技术的发展。

套印本，现存最早的是元代湖北资福寺所刻无闻和尚的《金刚般若波罗蜜经注解》，经文红色，注解黑色，卷首图画也是朱墨二色套印。但这种方式在写本时代就存在。例如，东汉贾逵用朱墨二色区分经传；南北朝时，陶弘景在修辑《本草》一书时将本经用红色，增辑用黑色。宋以后形成了正文大字、注解小字的做法，但没有套色做法。明代套印是先用黑色印出正文，再用红色套印评点。这种结合评点和正文的套印方式出现于万历年间，是受始于嘉靖年间的复古之风的影响。南北朝时有评点诗文的风气，明代时这种风气有所复苏，以套印方式评点书籍可谓将古风和当时的印刷技术作了最好的结合。

明代晚期，闵、凌两个家族刊刻了很多套印本，凌姓家族以凌濛初及其“二拍”而知名。在这两个家族刊印的套印本中，闵姓偏于经典、诗文，凌姓以文学为多。套印评点时，如果出现数家点评，则各用一色（图6-8），最多达到五色套印。每色用一块版，每多套一色就会增加一次费用，所以这种方式就需要极大的财力做后盾，如《十竹斋书画谱》（图6-9）。闵、凌两家的套印本版心不用鱼尾，顶上栏为书名卷次，顶下栏为页码，为加印评点，每行之间不加直线。其他评点或在上栏上方或在篇末。正文用万历时的方体字或天启时的长方体，评点用写刻。评点常有行书用笔。

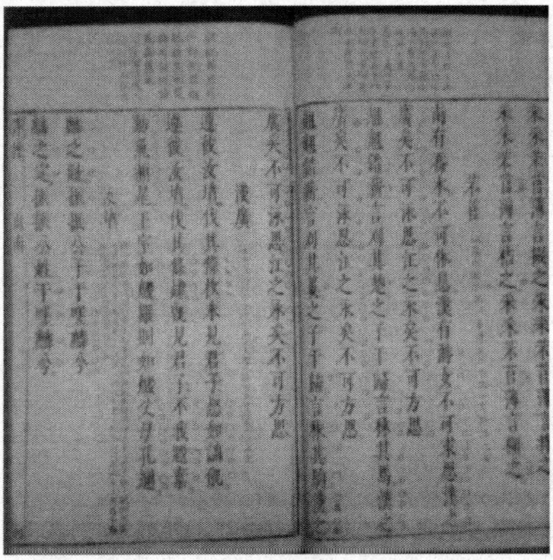

图6-8 《诗经》凌杜若刻三色套印本

图6-9 《十竹斋书画谱》十竹斋彩色套印本

第二节 套色印刷的现代价值

现代书籍一般采用单一颜色（而且大多是黑色）印刷，这体现出一种规范化和标准化的现代理念。在这一理念的指导之下，印刷、出版体现出的是一种“无倾向”的客观态度，将判断、选择、区分、辨别的权力交由读者完成，而不是强加给读者，这种态度无疑是值得肯定的。为了不打断读者的阅读行为，便于读者阅读，在很多书籍中注释被统一放在了章节末尾。但这并不是说文字的阅读就没有层次之分。且不说文章有标题、目录、章节、段落、各类标点等对文字内容进行区分，作为常见的学术习惯，在大段引用文献时，经常采用缩进和改变字体的方法进行区分。当然，套印将正文、注释进行分色印刷的做法也值得借鉴。在20世纪80年代以前，很多书籍就采用了这种分色印刷的方法，可以说是对传统套色印刷的继承。在当代，除政府公文常采用套色印刷外，其他印刷品，尤其是书籍中已经很少看到套色了。这种变化一方面是受到新的印刷理念的影响，另一方面也是出于对印刷成本的考虑。但随着数字阅读和数字印刷技术的发展，印刷的成本将会大为降低，这为套色印刷的再现提供了条件。

套印的色彩区分使阅读形成停顿和层次感。从被阅读的作品本身来说，单一的颜色虽不影响读者的识读和判断，但也容易让人产生视觉疲劳，从而使人无差别地对待所有文字。这并不是危言耸听，事实上，人的这种视觉特征，在高速公路上行驶或爬雪山时显现的更为明显。人在爬雪山时，视野之内全是单一的一种颜色，若长时间处于雪山之中就会引发“雪盲”症，所以人们要用护目镜来应对。在高速公路长时间驾驶时，人同样容易因无差别的路况造成注意力下降，所以高速公路的隔离带采用高低错落的形状，并尽可能采用多种颜色的植物、指示灯等手段对视觉惯性进行打破。文字阅读不同于爬山和高速驾驶，但从视觉角度来看，同样是长时间对无差别要素进行识别。所以，从视觉习惯的角度出发也需要发挥套色印刷的作用。中国自古有“绘事后素”“素以为绚”的传统美学主张，在现代的多样化视觉轰炸下，素淡的设计更是一泓清泉。不过，当代的书籍以及数字读物并没有体现素的美学和多样化的设计，现代读物的设计状况大多是一种偷懒思路下的无设计。如果说阅读是一种旅行，作者设置了看不见的思想道路，文字的视觉设计就是看得见的道路。文字的视觉设计能够引导读者去关注文字内容，所以文字的字体、颜色以及文字在版面中的位置，都是设计者应当重视并妥善处理的。

明代闵氏采用套印技术刻印了上至上古时的《周易》，下至当时的传奇、小说，以及经史子集等无所不包的众多图书。这些图书由于采用套印，段落、字句更为明晰，想要突出的地方很醒目。白纸与朱、黑等颜色形成一种色彩的构成，使书页具备独特的审美价值，增强了阅读的艺术感。

套色印刷对于精心的“深阅读”习惯的养成具有积极的促进作用。自古至今，人们的书写量和阅读量都在急速地增加。尤其是到了现代，工作和生活节奏加快，帮助人们快速完成信息的接收是现代视觉传达所要努力实现的设计目标，在这种形势下，“读图”“速读”“漫画”等各类方法被提出并不断改进。尽管如此，依然应当看到，这样的阅读是一种有选择的阅读，尽管很多繁杂、精深的文字内容以一种相对容易理解的方式被传达出来，但是，依然有大量的读物需要人们静下心来仔细阅读、反复阅读、反复品咂，即从所谓的“轻阅读”中脱离出来进行深度阅读。“轻阅读”已成为当今社会的热点问题，社会各界人士和有关媒体都在思考现代人的这种阅读特点，并呼吁改变当下的这种趋于肤浅化的社会风气。作为当今时代的普遍现象，它的成因复杂，要改变它也不是更改几个方面或因素就能实现的。针对内容的不同进行层次区分，至少从形式上有利于人从快速阅读中暂停，改变阅读惯性，进入一种仔细阅读的模式，形成一种“深阅读”。当然，“深阅读”是以作品厚重的思想为基础的，否则，任意地改变文字的字体、颜色可能会起反面作用。

第三节 拱花的应用与笺艺术

“笺”的意思有几种，分别是注释、用以题写的小幅华贵纸张、书信和文体名，如书札或奏记等。在此，主要从笺作为一种特殊纸张来分析。笺不管是用于题写，还是用于写作书札、奏记，都表明它不是用于批量化无差别复制的普通纸，而是需要特别注意、格外用心的个性化书写材料。批量化自有其艺术性在内，个性化往往意味着更多的才思赋予，尤其是在被当做信笺、诗词笺这种展现作者个人思想的载体时更是如此。由此，笺成为一种文人雅物和文房清供。古人常亲自制作笺纸，上面有表明主人身份、品位的图案或文字（如主人书房的名号等）。

南北朝时期，笺纸文化形成，到唐代中晚期时蔚然成风。笺纸与逐渐成熟的印刷术相结合，发展成为一种集诗、书、画、印于一体的综合性艺术品。著名的“薛涛笺”就是其中的杰出代表。《唐音要生》中记载：“诗笺始薛涛，涛好制小诗，惜纸长剩，命匠狭小之，时谓便，因形用。其笺染演作十色。故诗家有十样变笺之语。”可见，薛涛的笺纸是用多版单色印刷的方式印出来的。当时还有雁头笺、鱼子笺、锦笺、冷金笺等有名的笺纸。四川地区的“鱼子笺”在印刷时不用墨，而是以阴阳雕版对压形成纹饰，这其实也就是人们所熟知的拱花的一种技法。宋代时，笺的种类更多，有布头笺、谢公笺、彤霞笺、青白笺、冷金笺等数十种。此时在笺纸的制作上就出现了拱花的技法应用，苏易简在《文房四谱·纸谱》中写道："蜀人造十色笺，凡十幅为一沓，然逐幅于方版上研之，则隐起花木麟鸾，千状万态"。[1]

由笺的发展历程可以看到，作为一种精致的纸，笺应用了当时最先进的印刷技术。印刷术从出现到应用，从宗教和民间日常应用到上层社会广泛使用经历了很长时间，但当它被上层社会，尤其是知识阶层认可之后，它的优势就被充分发挥出来。在宋代，拱花就已经在笺中使用，这种"隐起"的艺术特征与陶瓷、织物中的暗花相似。尤其是陶瓷上的暗花，采用素纹剔刻所形成的视觉效果、质感、触感，都与拱花相近。从技术上说，把瓷器上的装饰效果在纸面上再现并不是难事。尤其是陶瓷中的暗花，采用素纹剔刻形成的视觉效果、质感和触感与拱花十分相似。以素淡雅致为特色的宋代瓷器，其表面效果与纸相似，从艺术角度而言，素纹体现了一种相同的审美追求。由于宋代的先行者效应，推崇宋代艺术的明代延续前代遗风，在笺中采用拱花技术便是自然而然的事了。由于笺的艺术地位和其在印刷技术上的先锋性特征，套印、饾版技术出现后便被用于笺的制作，可以说是顺理成章。

与宋代的做法不同，明代创造性地将拱花和饾版两种技术相结合，这也体现了宋、明两代审美追求的不同。以瓷器为例，宋代瓷器多为单色釉，明代则出现了五彩瓷。这一变化，从技术发展角度来说，体现了陶瓷在色彩之路上的发展；从艺术的角度而言，则体现了两种不同的审美追求。宋笺或为单色或为拱花，相应地，宋瓷或为单色或为素花纹，而明笺则将拱花的素雅与饾版的色彩相结合，正如明五彩瓷对于绚丽色彩的追求一样。这体现了后发技术所具有的优势，从审美逻辑的角度来说，不同审美追求对应着不同时代的技术选择与发展。从已知较早采用饾版、拱花技术的《萝轩变古笺谱》（图6-10）到广为人知的《十竹斋画谱》《十竹斋笺谱》，它们有着相同的艺术追求，采用了相同的技术，但因审美水平的不同和制作时的精致程度，使得它们表现出不同的艺术水准。郑振铎在《西谛书话》中赞扬道："余收集版画书二十年，于梦寐中所不能忘者惟彩色本《程君房墨苑》、胡曰从《十竹斋笺谱》及初

图6-10 《萝轩变古笺谱》 天启六年（1626年）吴发祥彩色套印本

[1] [宋]苏易简，《文房四谱》，重庆出版社，2010年。

印本《十竹斋画谱》等三伟著耳。”[1]

《萝轩变古笺谱》刊印于明天启丙寅年（1626年），由南京刻工吴发祥刻制完成，文前有福建漳州颜继祖所作序。该笺谱分为上下两册，用黄锦纸印制，共有画笺178幅，其中饾版116幅、拱花62幅。封面有“清绮斋收藏”字样。版心高21厘米，宽14.5厘米，白口，四周单栏，版口竖排“萝轩变古笺谱”字样。上册除小引、目录外，收录画诗20幅、筠篮12幅、飞白8幅、博物8幅、折赠12幅、琱玉12幅、斗草16幅、杂稿2幅。下册除目录外，有选石12幅、遗赠8幅、仙灵8幅、代步8幅、搜奇24幅、隆重9幅、择栖11幅、杂稿8幅。这部笺谱被清人张宗松藏于清绮斋，现存于上海博物馆，1981年朵云轩复刻出版。“萝轩”是吴发祥的号，“变古”的意思据吴发祥自述是：“我辈无趋今而畔古，亦不必是古而非今。今所有余，雕琢期返于朴，古所不足，神明总存乎人。”意思是不论古今择优创作。对于笺谱里所表现的形象，颜继祖在序言中描述道：“尺幅尽月露风云之态，连篇备禽虫花卉之名。大如楼阁关津，万千难穷其气象；细至盘盂剑佩，毫发倍见其精神。少许丹青，尽是匠心锦绣；若干曲折，却非依样葫芦。”笺谱多采用白描技法表现，雕刻精致，设色淡雅，用重色烘染的很少。笺谱的题材清新脱俗，如画诗描绘的是“塔影入云藏”的诗文意境。所画的楼台亭阁、花鸟等都在画面的中心，题跋、印、诗、书、画相辉映。在印制时，有的只使用了拱花工艺，有的则将饾版与拱花相结合。

《十竹斋笺谱》成于崇祯甲申年（1644年），全书四卷，彩色套印，李于坚、李克恭作序，胡正言出资主持刻成。胡正言，子曰从，别号“十竹主人”，南明时曾官至中书舍人，入清后辞官，隐居于南京鸡笼山侧。他出资刊刻的书有《六书正》《千文六书统要》《古今诗余醉》等，最有代表性的是《十竹斋画谱》和《十竹斋笺谱》。画谱收录明代绘画作品，用饾版印成，接近于原作，供鉴赏和临摹使用。笺谱或者是单线平涂，或者是双勾，图案有文玩清供、楼台等。“凤子”部分里的蝴蝶用点、线画成，再用工笔双勾分染四个翅膀；“文佩”部分以单线平涂。笺谱中的拱花或者是先用墨色勾勒轮廓然后压印而成，或者是先用淡彩描画器物轮廓然后在未着色的地方压印而成。

饾版之前的套色印刷有线版印刷、手工填色，有一版一色、套版色块印刷，还有一版一色、套版线条印刷等方法，这些方法的不足是画面缺少浓淡变化。饾版技术是用生纸并在纸湿的时候印刷，一版多色。

[1] 郑振铎，《西谛书话》，北京，三联书店，2005年。

第四节 纸币

明代货币除银两和铜钱外，大量使用纸币，这些纸币被称作“宝钞”，洪武、永乐时期被称作“大明通行宝钞”。明初，南京设宝钞局专门负责印制纸币，工场中有各类工匠580名，印制了大量纸币，从而造成了货币的快速贬值。明中期至后期，纸币发行时断时续，但再也没有达到明初的规模。

众所周知，最早的纸币是北宋四川商户自行印制的“交子”。天圣元年（1023年），政府将交子的印造、发行和收兑等业务收拢，发行了官交子。当时，由于纸币容易破损等原因，政府对交子实施“界”的制度，每界三年，期满发行新纸币收回旧纸币。从天圣元年至大观元年（1107年），共发行了43界。从大观元年起，政府改发“钱引”，管理机构也由“交子务”改为“钱引务”，一直到南宋宝祐三年（1255年），共发行了58界。另有一种纸币是东南会子，简称会子，也实行界制度。从乾道五年（1169年）到嘉熙四年（1240年），共发行18界。宋代的最后一种纸币是南宋末景定五年（1264年）的金银见钱关子，简称关子。上述四种纸币是宋代货币的主要形式，另外还有小钞、淮交、湖会等名目的纸币，影响仅限于地方。这些纸币有一贯、二贯、三贯的，也有二百文、三百文、五百文的。不同货币的币值、票面不一。如果按照币种、票面来统计，宋代流通的纸币约有上千种。虽然都采用界制度，但每界的时间不一，短的两三年，长的十几年。从发行量上看，据不完全统计估计，约有十亿张。庞大的纸币发行量意味着纸币印刷行业的庞大和从业人员数量众多。据《咸淳临安志》载，南宋绍定五年（1232年），会子务“以都司官提领工匠凡二百四人”。《宋史·食货·下·三》中记载，景定四年（1263年）“日增印会子一十五万贯”。研究表明，宋代纸币普遍采用多色套印。会子是红、黑两色套印，同时加盖私押、官印和手写面值。钱引、交子采用黑、红、蓝三色套印，采用分版套印的方式。纸币印刷大量采用金属版，自宋元至明清均是如此做法。

明洪武七年（1374年），朱元璋在南京设立宝钞提举司，下设钞纸、印钞二局，宝钞、行用二库。洪武八年起开始印制纸币“大明通行宝钞”（图6-11），面值分一百文、二百文、三百文、四百文、五百文和一贯钱，共六种面值，洪武十八年（1389年）加印十文至五十文的小钞，每贯等于一千文或白银一两，四贯为黄金一两。一贯的大明宝钞下有“户部奏准印造”字样，票面样式与元代纸币相似，为竖长方形，高一尺，宽六寸，周边为龙纹，上方横书“大明通行宝钞”，中部为面额“壹贯”大字，下面是十串铸钱的图案，两侧是“大明宝钞，通行天下”的篆字，下部楷书“户部奏准印造大明宝钞，与制钱通行使用。伪造者斩，告捕者赏银贰佰伍拾两，仍给犯人财产，洪武□年□月□日”。印刷出来的纸币上再加盖两个宝钞提举司印章。

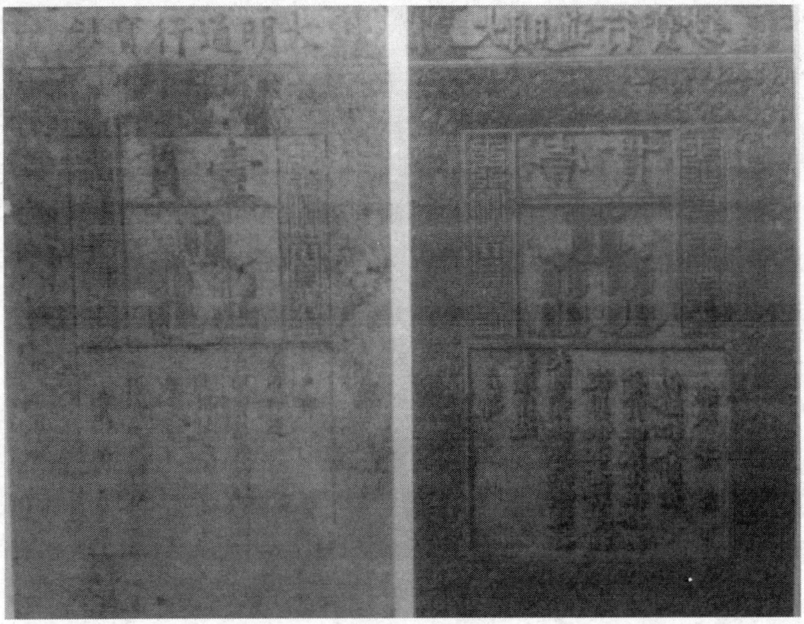

图6-11　大明通行宝钞一贯的铜版与印后票面

在纸币印刷中，为实现防伪目的，繁复图案的使用是必然的。

明代纸币只发不收，导致市场上纸币越来越多，造成恶性通货膨胀，所以明代中后期纸币发行时断时续。

‖结语

明代是中国古代印刷史上的一个独特的时期。从技术上讲，中国传统的印刷技术至明代已发展齐备，活字印刷和套色水印技术在明代已经发展成熟。木活字在明代已经成为常见的印刷方式，但明政府没有像朝鲜那样以官方形式大规模地予以推广，直到清代，政府才采用活字印刷典籍。到明代时，木版水印套色印刷技术进一步精细化。除此之外，后世对于印刷技术拓展就要到清后期时西方油墨铅印技术的引入。从艺术上看，官、藩、坊、家刻各具特色，前朝所形成的几大印刷中心在明代得到进一步发展，并从带有强烈的地域特色走向了融合。其中，最为显著的是徽派的异军突起。徽派的艺术、文化与经济联系紧密，并突破了地域的限制。各类人才追随着经济的脉搏，寻找最适宜印刷发展的土壤，使这些地方的印刷在原有基础上更富艺术性，引领着全国印刷的发展方向。从经济角度看，印刷的繁荣与社会经济的繁荣紧密相关。社会经济的发展大大改变了明代中国的文化面貌，各层次的城市大量涌现，许多农村转变为城市，市民阶层成为一个庞大的社会群体，他们的文化消费刺激着印刷积极调动各类因素。在明代近300年的时间里，印刷的发展表现出线性扩展的特点，越到晚期的时候，经济越发达，思想越开放，文化越发达，印刷也就越繁荣。这种印刷的自由为设计的发展提供了空前的表现空间。印刷技术为印刷设计的实现提供了有效的保障。宋体字的出现与成熟、书籍插图的繁荣、套色印刷与评点的结合、套色与拱花相结合的图册印刷、现代报纸前身——邸报的出现、广告从文字向图画的发展，等等，无一不是设计的应用和拓展。这些都是对于明代印刷设计进行研究的重要意义所在。

同时，也要看到，对于明代印刷设计的研究需要更多新方法和新视角。相对于现代印刷、传播而言，古人的许多做法从印刷的专业角度而言已不具有太多的启发意义，但古人的创造思想却依然有着重要的价值。对于思想、文化的研究之所以不可低估，就在于随着社会的发展，物质性的因素很容易被后代所更新、代替，但非物质的因素则仍然有值得挖掘的地方。如果说传统印刷是一种传统文化，那么这种文化很具体，它存在于各朝代的印刷品中。朝代之间的差距只是技术上的，是物质性的，是每一个朝代、时代文化的表征。正是因为这些表征，每个时代、每个地域、每个民族有着千差万别的特征，体现着文化的充沛创造活力。当环境发生改变之后，这些现象所产生、发展的“土壤”也随之改变，那么适应新环境的新事物便会涌现，从而产生出另一种文化表征。而从文化传统的角度来看，明代的印刷设计与宋、元等朝并没有非常大的区别。在此，可以看到的是，在唐、宋、元、明的时代里，印刷会融入新的因素，会在不同层面上进行更改，但文化的内核其实并未发生太大的变化。它服从的是中国传统阅读文化和审美文化，文化不变，技术的变化也只是在相同的脉络范畴中做更改。从中国印刷出现之初，水印便是其核心，这看似是中国传统印刷的技术核心，但实际上，铅板、活字、油印这种印刷方式所带来的是系统化的现代文化传统。水印和铅字油印的更迭是文化上的碰撞而非技术上的冲击，所以传统印刷才会在近代衰落。进一步讲，现代文化在中国发展形成后，虽然有着诸多西方样式，却仍然不是西方文化，而是一种中国化的现代文化，在回望传统时，古代与现代依然一脉相承。接续和发掘传统，对明代的印刷设计进行整理是这种研究的基础，这也是本研究的价值之一。

‖ 附录　雕版印刷技术与相关概念

中国传统雕版印刷术是一个技术操作的过程，从选材到刻版以及核对、校印，有一整套技术为依托，由此形成一系列的技术标准和相应的文化概念。到明代时，这一传统的印刷术达到高峰。这种中国传统技艺与近现代的印刷存在着较大的差异，因此，需要首先对明代雕版印刷的技术状况和相应名词、概念予以介绍。这也是本研究开展的基础。

一、雕版印刷流程

标准的雕版印刷流程包括备料、雕版、刷印三个环节。备料环节包括准备板、纸和墨，雕版包括写样、校正、上板和雕刻四道工序。

（一）备料

1.板

板，即雕版所用的木板。

雕版所用的理想板材应该在耐印率、吸墨性上有较为合适的品质，表现在木材条件上就是硬度适中、纹理细密，易于雕刻，干湿变化不大，取材便利。常用木材包括梨木、枣木、梓木、皂荚木、黄杨木、银杏木、苹果木、杏木、白杨木、乌桕木等。

确定木材后，需要选择截面符合要求的树干截取成厚约2厘米的木板。中国采用与树木生长方向平行的方向截取木板；西方则以与生长方向垂直的方向截取，也被称作“木口木”。

锯好的木板需要经历浸泡沤制的过程。木板上面加重物，保证全部浸泡于水中，期间需更换几次水，整个沤制时间达一至数月，直到将木板里的树脂充分分解。浸泡时间夏季短、冬季长。沤制好的木板干燥后不容易翘裂，利于刊刻，也易于吸墨释墨。

沤制完成后需要将木材平行码放于背阴通风处自然干燥。为保证木板不变形，需要在堆放的木板之间用粗细等同的木条或竹片垫平，期间还要时常正反左右翻动。也有不沤制而将木板高温煮三四小时后再阴干的做法。

干燥完成后的木板要进一步修整，对上下两面找平抛光，做成比最终书页尺寸略大的板面，再用植物油遍涂表面，最后再仔细打磨光滑。

2.纸

中国传统手工纸大致可分为麻纸、皮纸、藤纸、竹纸、宣纸等五大类。

麻纸是以麻类植物韧皮纤维为原料所造的纸。起源最早、应用最广泛的是苎麻，其次是大麻和亚麻。麻纸是大部分以黄麻、布头、破履为主原料生产的，特点是纤维长，纸浆粗（纸表有小疙瘩），纸质坚韧，虽历经千余年亦不易变脆、变色。根据纸质地的粗细厚薄又有“白麻纸”“黄麻纸”的区别。隋唐五代时的图书多用麻纸，宋元时已不占主要地位，明清时麻纸使用更少。

皮纸是以树木韧皮纤维为原料的纸，包括楮皮纸、桑皮纸、雁皮纸、山棉皮纸、柳构皮纸等。

藤纸以藤类植物（主要有葛藤、紫藤、黄藤等）的韧皮为原料，亦称“剡藤”“剡纸”“溪藤”，唐宋时在剡溪一带曾极度辉煌，后因对当地的藤类植物过度砍伐而消失。

竹纸的原料为毛竹，此外还有苦竹、绿竹、慈竹、黄竹等。四川夹江县和浙江富阳市为竹纸的重要产地。竹纸种类繁多，常见的有毛边纸、毛太纸、元书纸、玉扣纸以及连史纸等。

宣纸原产于安徽泾县，以府治宣城为名，故称“宣纸”。泾县附近的宣城、太平（今黄山市黄山区）等地也生产这种纸。宣纸是中国古代用于书写和绘画的纸。宣纸应该属于皮纸，早期宣纸由纯青檀皮抄造，是名副其实的皮纸，后来加入了稻草，纸张特性与皮纸有较大差距，所以作为一个特殊的种类。宣纸产生于唐代。宋代时，徽州、池州、宣城等地的造纸业逐渐转移集中于泾县。由于宣纸有易于保存、经久不脆、不会褪色等特点，故有“纸寿千年”之誉。

3.墨

中国古代书写用墨与印刷用墨制法相同，为水墨，包含颜色料、连接料和添加料三类，主要为黑色，也有其他颜色。

魏晋以前，墨的用料为天然石墨和松烟两种，以后逐渐淘汰石墨，沿用松烟和油烟。汉代时，已经普遍用松烟制墨，南北朝时出现了用漆碴制墨，唐代开始采用比重轻、分散度大的油烟，添加料的细度十分考究。宋代沈括曾用石油燃烧出的烟制墨。连接料基本由皮胶和水构成，也有用淀粉和水的，为数不多，质量也不行。古代墨中，炭黑的含量为65%左右，添加料为辅助料，用料考究。常在黑墨中加少量紫草或朱砂，使墨泛红色，这是古人的偏好。珍珠、玉石、金箔等除提升价格外，也能增加墨的光泽。由于连接料为皮胶，制作过程中有臭味，所以常用麝香、冰片及沉香等增香剂掩盖，宋代特别盛行，明代以后逐渐减少了。

（二）雕版

雕版是将书写完成的纸的有字面贴在处理好的版面上，呈现出反字，然后把文字以外的版面刻除，形成凸版。雕版包括以下工序：

（1）写样。擅长书法的人将原稿誊抄在非常薄的白纸上。白纸上有红色的竖格线，被称作“花格”。每一列格子由等距的三条线组成，一般以中间线为标准书写，遇有注释时则以中间线为界，另两条线为中准，双行写出。

（2）校正。校正是“一校”时校出错误，将雕版上刻错的字抠去后将正确的书写补上，“二校”后定稿。

（3）上板。反贴纸面的方式又分为两种：一种是在板面上薄涂浆糊，然后把纸面敷贴在板上，再用刷子拂拭纸背，使字迹透过纸背显现出来，待干燥后擦拭纸背底层，使笔迹清晰显露；另一种是在写样时用浓墨书写，反贴于湿透的板面上，待板面吸入墨迹后将纸揭去。由于墨溶于水，所以后一种方法做出来的字迹不如贴样法清晰。

（4）雕刻。将木板上的墨迹部分保留，其余部分都刻除，形成1毫米凸起的阳文。

1）发刀。在雕刻前在自己周围刻划一刀切断木面纹理，以放松木面。

2）挑刀。凿刻笔画的用刀方式，贴近墨迹的边缘刻划，形成笔画的内外两条线。直线容易刻，所以先刻，然后自左至右依次将撇、捺、勾、点等雕刻出来，最后将发到周围的刻线与实刻刀痕之间的空白木面用大小剔刀剔清。

3）打空。笔画刻完后，将余下的行格间的空白板面用圆口凿铲去，形成凹槽，然后用平口凿及小刀进行修整。

4）拉线。将板面四周的边框及每行的行格用刻字刀削齐。

5）修整与水洗。将板面四周修整齐，去掉毛刺，然后将板面上的各种碎屑用水冲洗干净。

雕版工具包括刀、錾、凿、铲，形制不一，功用也不一。

（三）刷印

刷印的步骤是：首先将雕版用粘版膏固定在桌面上，接着用圆刷蘸适量的墨汁均匀涂抹在版面上，再把纸平铺在版面上，然后用长刷轻抚纸背使纸面与版面墨迹充分结合，最后揭下纸即可。

正式印刷前常用红墨或蓝墨印出初样，用作末校。如有错误或板材有损坏，可及时修补。修补时，先把出错的部位挖去，然后把重新刻好的嵌入相应槽空内。

二、雕版书籍相关概念

（一）版式

用一块雕版印刷的传统印本的一面是书籍的相邻两面，刷印完成后先对折，然后进行装订。刷印后的版面各部分有着相对一致的称谓（附图1）。

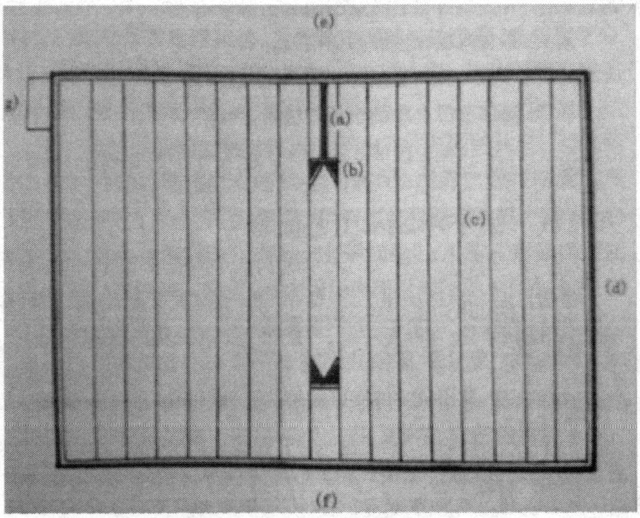

附图1 雕版典型书页样式

（a）—象鼻；（b）—鱼尾；（c）—界行线；（d）—栏线；（e）—天头；（f）—地脚；（g）—耳子

（1）版心。版心为一版书页的中心框格，通常印书名、卷次、页码，有的加印该版的文字总数、刊刻机构名和刻工姓名。

（2）鱼尾和象鼻。书页对折时，为保证左右对称，以尖角和版心中央的黑线作为中心依据。角空白，构成角的两个相对的三角形形似鱼尾，所以称作“鱼尾”。相对的三角形为黑色的，称为黑鱼尾；空白的，称为白鱼尾；上下各有一个鱼尾的，称作“双鱼尾”；只有一个鱼尾的，称作“单鱼尾”；形状不是三角形的，称作“花鱼尾”；三角形的边为两条线的，称作“双线鱼尾”。版心黑线有粗有细，被称作“象鼻”。

（3）行款。行款就是行数与字数。一般地，官刻和家刻为追求品质，字大行疏；坊刻的戏曲小说、各种日用书为减少成本多小字密行，严密紧凑。

（4）界行线。书页中区分每一行的格线。

（5）版框。书页正文四周的框线。

（6）栏线。版框线，单栏为一条粗线或细线，双栏为一粗一细两条线，也被称为“文武线”。版框线也有双细线和其他纹样。形似竹节的为“竹节栏”，花纹构成的为“花栏”，“卍”字构成的为卍字栏，器物纹样构成的为博古栏，等等。

（7）天头。图文或版框上方的空白。

（8）地脚。图文或版框的下方空白。

（9）耳子。在左栏上角的小长方格子，一般刻本书的小题。

（二）印刷

（1）单版复色。在一块版面的不同位置刷印不同颜色，然后敷纸，一次印出。

（2）套色印刷。是指两色及以上颜色的图文刷印，包括单版复色、套版、饾版、拱花等方法。

（3）套版印刷。也称分版复色印刷，不同颜色部位以不同的版刻出，依次印到一张纸上，初期为红黑两色，后来逐渐发展出多色。套版印刷每次印一个部位，印一种颜色，相对于单版便于操作，不易出错，但在对版时需要注意版面相合，因此发展出提高对版准确度的标记，如边线或十字线等。单版只要固定版面即可，套色版要先固定一沓纸，然后固定版，换版后要对正版，调试完成后再继续刷印。

（4）饾版。套版是相同版面大小，在不同部位雕刻，饾版是依据不同部位的大小雕刻相应版面的分版复色叠印。这种印刷方式能够将浓淡过渡的颜色表现出来，形成与原作相近的色彩效果。为实现饾版的印刷效果，印刷所用材料也要精致。饾版板材需要根据画面不同而选择，如表现精细画面要用木质坚硬、纹理细密的黄杨木。其他操作与一般雕版相同。纸张要用洁白光滑、吸水性强的宣纸。彩色颜料与国画颜料相同。刷印时，要用含适量水分的生宣，以克服湿版干纸的不足。喷水量根据画面表现时的笔墨程度而定，喷水后要用油布蒙盖浸闷，使水分均匀渗透。为版着色时要依据原作的色彩浓淡、深浅，用毛笔着色。刷印时，需要根据色彩效果在铺好的纸背用毛刷根据色彩和笔法以轻重缓急的不同手法拂拭。在印制中，有时需要在前一步的颜色干后再印，有时则需趁色料湿润加印。

（5）拱版。也称“拱花”，有两种印制方法：一种是平压法，即用一块板雕刻凹版花纹，然后把纸铺在上面施加压力，形成凸出花纹；另一种是双夹法，即用两块板分别雕刻阴阳花纹，把纸夹在两块板中间，用力压出花纹。

（三）装帧

（1）封面。书籍的最外一面，题写书名、出版者等信息。封面的文字一般要简明扼要。

（2）扉页。扉页一般称作内封面。线装书的封面变化较少，扉页反而设计得很丰富。扉页上，一般用大字题写书名（占一行或两行），并在适当位置配插图，从而实现装饰、烘托和广告的多重作用。

（3）牌记。也被称作“牌子”“木记”“墨围”“碑牌”等，一般含有书坊名称、刊刻时间、版权声明、内容简介等信息和内容。牌记的位置不固定，有的在序后，有的在目录后，有的在各卷墨围，形状多样，有方形、碑形、钟形、鼎形、香炉形、莲花形、琴形、爵形等。总之，是以一种框型图案对一部分内容进行区分。

（4）二节版、三节版。版面的处理方式，是指将一个版面分成两个或三个部分，分别雕刻不同内容。如崇祯雄飞馆的《精镌合刻三国水浒全传》，封面题写“英雄谱”，上半部分是一百回《水浒传》，下半部分是《三国演义》。万历建安书林叶志远版《新刊京板青阳时调词林一枝》为三节版，上下层为剧目选段，中间是流行的楚歌、罗江怨等。万历二十二年（1594年）双峰堂刊刻的《水浒志传评林》为三节版，上部为评点，中间是插图，下部是小说正文。这种版面设计方式，可以说是出于充分利用版面的俭省心理，也是出版处于相对初级阶段的做法。但是也可以从中看出古人在版式处理上的开阔思想，比如三节版这种将文、评、图三者结合在一起的做法与古人在阅读中重评点的文化习惯完全一致。这种做法便于阅读，也便于有效传递信息。

（四）装订

古代书籍装帧，有以下几大类：简策装、卷轴装、旋风装、经折装、蝴蝶装、包背装和线装。明代的书籍装订方式几乎包含所有雕版书籍装订样式，其中，弘正以前包背装最流行，蝴蝶装也有，卷轴装较少，经折装依然在佛教书籍中使用。嘉靖万历之后，线装工艺成熟并定型，成为应用最普遍的装订形式。

简策装（附图2）的竹木片在连缀后卷起来收纳。这种收纳、阅读的方式在帛书出现后仍然被延续下来，于是被称作“卷轴”或“卷子”。两者的区别是简策为单片相连，卷轴为整片的纸或织物，共同点是都采用卷的方式收纳。龙鳞装是在一张卷底上粘贴多张，相对于单张的卷轴涵盖内容增多，但这种方式既有卷轴的长页面不便于阅读的问题，又有多张纸带来的翻检时的麻烦。经折装是在此基础上将卷改为折叠，页面还是一张，这种形式化圆为方，改卷舒为翻页，便于大篇幅阅读时的翻阅。根据南宋侯延庆《退斋笔录》中关于宋哲宗阅读苏轼奏折时“旋风册子”手自录次的描述，黄永年认为经折装就是旋风装，而不是龙鳞装。

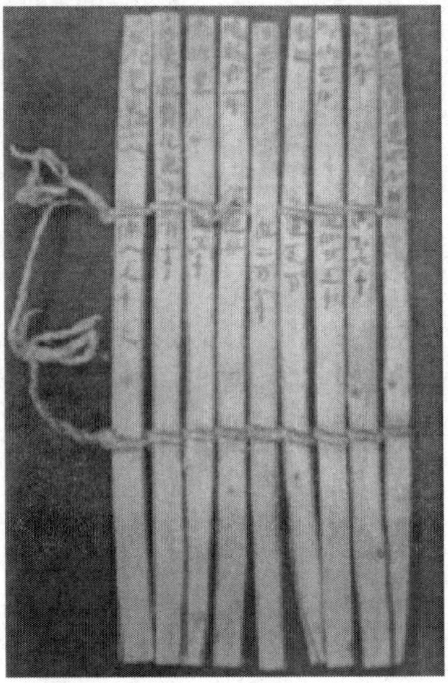

附图2　简策装

旋风装约出现于唐后期。旋风装源自卷轴装，只是从卷变为折，所以与卷轴的印刷方法相同，都是在长木条上雕版后刷印。将刷印好的纸卷起来是卷轴装，折叠起来就是旋风装。因为是长条形的雕版，所以只在文字部分的上下各刻一条线作区分，与后来的单独成页、四周都有框格的雕版不同。所以，装订方式决定了雕印方式，而雕印方式又决定了版式特征。

蝴蝶装在五代后晋时期刊刻的《十二经》中已经采用。宋代主要采用这种形式。蝴蝶装的名称见于明以来的文献中。蝴蝶装将多页纸对折后沿折缝粘在一张纸上，然后再在外面粘上一层硬纸，做成一册书。书衣正面左上角，标明书名、卷次等信息的长方块叫“书签”。蝴蝶装装订完成后的样式类似于现代的精装书，但存放时是书口朝下，书脊向上。为取阅方便，书脊文字的书写方向与书页平行。从蝴蝶装的样式可以看出，只要将旋风装的折页加以拆分就是蝴蝶装。或许人们就是从旋风装折页处断裂后的样子中受到启发发明了蝴蝶装。蝴蝶装两页相连的形式正体现出从折页向单页转变的过渡样式。采用蝴蝶装后，不必像旋风装那样把印刷好的纸张多次折叠，也不必用太长的板材雕版，所以雕版版材也从长条木板换成长方形木板。板材变短既方便了取材，也方便了雕刻和印刷，雕刻幅面也由此而增加，这为多种版式的产生打下了基础。

包背装出现于南宋后期。蝴蝶装的书页在印完后采用正面对折的方式，包背装是反面对折。包背装的图书在翻页时不会翻出空白纸页，但如果用蝴蝶装的存放方式则版心容易受损，所以包背装的书多平放，书脊文字的书写方向与书页垂直，书衣也从蝴蝶装的硬纸改为软纸。包背装在粘连成册时比较麻烦，所以后来出现在书脊打孔穿线的方式，这为线装的出现提供了思路。打孔的一侧称为“书脑”。

线装出现于明中期。打孔穿线的蝴蝶装因只有两三个穿线孔，书页不齐平，且边角容易皱卷，而线装则避免了这些问题。线装一般打四个孔，又称“四针眼装”。厚一些的书在上下各多打一个孔，为“六针眼装”。打孔位置为上下两空距书边最短，中间两空所形成的三段的长度在明代和清代前期时均大致相等，有时中间的这一段略短，到清中期时中间这段更短，清末和民国时期，中间这段的长度大约只有上下两段的一半。装订所用线为白色或米黄色，其他颜色一般不用。线要双线平行，而不能用单线或双线绞在一起，线头不能漏在书外。用绫将书脊上下两角包裹，称为“包角”。由于包角所用的糨糊容易被虫吃鼠咬，所以不为藏书家所喜。书衣用色在明代为蓝、棕二色，清代棕色稍多，个别用金色，清末民国又用蓝色。书衣多数用纸裱糊两三层，有用绫或绢裱制。前后书衣和正文之间有一到三张空白页，称为“护页”或“副页”。

明清时，线装书外常有书套（又称书函）。书套的做法是：硬纸做成三窄两宽互相连缀的长方条，外面裱糊蓝布，里面裱糊白纸，然后依书折叠成长方体，上下外露，窄条相接处用签插封。除布外，还可以用其他丝织物，将书的首尾两端都包裹起来，称作“四合套”，与包角相同。因为包裹时是用糨糊裱糊，所以容易被虫吃鼠咬。另外又有“夹板”的做法，就是用和书册同样大小的两块木板上下相夹，在上下两头用布带扎紧。这些是日常使用的做法，讲究的还可以做成木匣、木箱，外面刻书名、版次、册数等信息。

‖参考文献

[1] 张秀民. 中国印刷史 [M]. 杭州：浙江古籍出版社，2006.

[2] 罗树宝. 中国古代图书印刷史 [M].长沙：岳麓书社，2008.

[3] 张树栋，庞多益，郑如斯.简明中华印刷通史 [M]. 桂林：广西师范大学出版社，2004.

[4] 马歇尔·麦克卢汉：谷登堡星汉璀璨:印刷文明的诞生 [M]. 杨晨光，译. 北京：北京理工大学出版社，2014.

[5] 韩琦. 中国和欧洲：印刷术与书籍史 [M]. 北京：商务印书馆，2008.

[6] 张绍勋. 中国印刷史话 [M]. 北京：商务印书馆，1997.

[7] 邹毅. 证验千年活版印刷术 [M]. 北京：中国社会科学出版社，2010.

[8] 杨菁，黄友金. 瑞安东源:再现木活字印刷 [M]. 杭州：浙江大学出版社，2011.

[9] 余英时. 士与中国文化 [M]. 上海：上海人民出版社，1987.

[10] 谢国桢. 增订晚明史籍考 [M]. 上海：上海古籍出版社，1981.

[11] 费孝通. 中国士绅[M].赵旭东，秦志杰，译. 北京:生活·读书·新知三联书店，2009.

[12] 陈传席. 陈洪绶全集 [M]. 天津：天津人民美术出版社.2012.

[13] 巫仁恕. 品味奢华：晚明的消费社会与士大夫 [M]. 北京：中华书局，2008.

[14] 马美信. 晚明小品精粹 [M]. 上海：复旦大学出版社，1997.

[15] 范金民. 江南社会经济研究 [M]. 北京：中国农业出版社，2006.

[16] 李伯重. 多视角看江南经济史 [M]. 北京：生活·读书·新知三联书店，2003.

[17] 刘石吉. 明清时代江南市镇研究 [M]. 北京：中国社会科学出版社，1987.

[18] 左东岭. 王学与中晚明士人心态 [M]. 北京:人民文学出版社，2000.

[19] 让·鲍德里亚. 消费社会 [M]. 刘成富，全志钢，译. 南京：南京大学出

版社，2006.
[20] 井上进. 中国出版文化史 [M]. 武汉：华中师范大学出版社，2015.
[21] 徐进. 煮水品茗与中晚明士人社会交往生活 [J]. 贵州社会科学，2005.
[22] 刘钊. 印刷字体发展、设计与应用研究 [J]. 北京：中央美术学院，2007.
[23] 蒋文仙. 明代套色印本研究 [D]. 武汉：华东师范大学，2005.
[24] 胡晓旭. 明代木刻插图印刷史 [D]. 杭州：中国美术学院，2013.
[25] 李阳. 明代科普类图书插图研究 [D]. 北京：北京服装学院，2012.
[26] 成俊琴. 明代戏曲插图研究 [D]. 淮北：淮北师范大学，2014.
[27] 田雪梅. 明代晚期市井文化与书籍装帧艺术风格的发展 [D].苏州：苏州大学，2006.
[28] 刘中兴. 揭帖与明代公共舆论 [D]. 武汉：华中师范大学，2008.
[29] 陈晨. 明代邸报研究 [D]. 合肥：安徽大学，2013.
[30] 念凡. 汉字印刷字体的传统瑰宝：以楷书为主的书法，以及古代印刷字体的风格与形态解析 [D]. 杭州：中国美术学院，2009.
[31] 张抒. 论明代雕版印刷与宋体字的形成 [J]. 南京艺术学院学报:美术与设计版，2012.
[32] 汪桂海. 谈明代铜活字印书 [J]. 中国典籍与文化，2010.
[33] 吴建军. 明中期无锡民间印刷术发展对"明体字"成型的影响 [J]. 装饰，2011.
[34] 肖琼. 明代版面设计创造初探 [J]. 艺术科技，2015.
[35] 冀叔英. 谈谈明刻本及刻工:附明代中期苏州地区刻工表 [J]. 文献，1981.
[36] 王其全. 文化的承载与传播:浙江雕版印刷工艺文化研究 [J]. 浙江工艺美术，2008.
[37] 李德山. 试谈明代版刻 [J]. 古籍整理研究学刊，1986.
[38] 华人德. 明代中后期雕版印刷的成就 [J]. 苏州大学学报，1988.
[39] 章宏伟. 胡正言生平及其"饾版"、"拱花"技术 [J]. 美术研究，2013.
[40] 曾礼军. 明代印刷出版业对明代小说的影响 [J]. 浙江师范大学学报，2004.
[41] 杨小语. 浅析明朝中后期江浙一带民间印刷业兴盛之因 [J]. 出国与就业：就业版，2011.
[42] 刘云霞. 试析明代史钞繁盛的原因 [J]. 新乡学院学报:社会科学版，2012.